# 过去预测未来
## 行为面试法

田效勋 柯学民 张登印 著

中国轻工业出版社

### 图书在版编目（CIP）数据

过去预测未来：行为面试法／田效勋，柯学民，张登印著．—3版．—北京：中国轻工业出版社，2018.10（2024.9重印）

ISBN 978-7-5184-2044-5

Ⅰ.①过… Ⅱ.①田… ②柯… ③张… Ⅲ.①招聘–考试–方法 Ⅳ.①C913.2

中国版本图书馆CIP数据核字（2018）第166188号

---

保留所有权利。非经中国轻工业出版社"万千心理"书面授权，任何人不得以任何方式（包括但不限于电子、机械、手工或其他尚未被发明或应用的技术手段）复印、拍照、扫描、录音、朗读、存储、发表本书中任何部分或本书全部内容（包括但不限于光盘、音频、视频等）。中国轻工业出版社"万千心理"未授权任何机构提供源自本书内容的电子文件阅览、收听或下载服务。如有此类非法行为，查实必究。

---

责任编辑：戴　婕　　　责任终审：杜文勇
策划编辑：戴　婕　　　责任校对：刘志颖　　责任监印：吴维斌

出版发行：中国轻工业出版社（北京鲁谷东街5号，邮编：100040）
印　　刷：三河市鑫金马印装有限公司
经　　销：各地新华书店
版　　次：2024年9月第3版第5次印刷
开　　本：880×1230　1/32　印张：9
字　　数：120千字
书　　号：ISBN 978-7-5184-2044-5　定价：58.00元
读者热线：010-65181109
发行电话：010-85119832　　010-85119912
网　　址：http://www.chlip.com.cn　　http://www.wqedu.com
电子信箱：1012305542@qq.com
版权所有　侵权必究
如发现图书残缺请拨打读者热线联系调换
241434Y2C305ZBW

# 推 荐 序

看到实践中人们对面试技术的轻视和不科学的使用,我很是痛心。但总的来说,面试技术发展的趋势是好的。越来越多的组织开始采用更加科学化的面试方法来选拔人才。所谓科学化,就是按照心理测量学的基本原理和标准来设计和实施面试。与标准化的心理测验工具相比,面试设计和实施的科学化程度还有很大的差距。按照心理测量学的要求,一项测量工具要有较高的信度和效度。从信度指标来看,很重要的一点是不同面试评价者的评分结果要比较一致。从效度指标来看,最重要的是面试能够预测应聘者未来的工作业绩,面试分数和效标分数之间的相关系数要达到比较理想的水平。要使面试达到较理想的信度和效度水平,关键是遵照标准化的程序来设计和实施面试。这个标准化的程序,首先是工作分析,目的是确定面试要测量的维度,同时也为面试题目的设计收集行为事件;其次是面试题目和评价标准的设计;最后是实施过程的标准化,包括评价者培训、提问、记录、评分和讨论的标准化。另外,如果能够追踪应聘者未来的工作业绩,计算面试的预测效度,从而改进面试的设计,那么就形成了一个持续完善的循环过程。以上程序还只是基本的心理测量学要求,还不够严格。比方说,面试题目质量的高低还需要进行预试,用数据来说话,看看哪些题目对个体差异不敏感,哪些题目能够灵敏地把不同能力、不同风格的人区分开来。

从题目内容来看,常用的面试类型有两种:一种是情景面试(Situational Interview,简称SI),通过探究在假设情景中应聘者的行为反应来考查其胜任力;另一种是行为描述面试(Behavioral Description Interview,简称BDI,也有人简称为行为面试),通过深挖应聘者在特定情景中实际发生了的行为反应来测量其胜任力。实证研究表明,两类面试的预测效度均比较理想,但是,对高级管理职位而言,BDI更适合一些。其实,SI和BDI有很多共同之处,题目均主要来源于工作分析中收集到的行为事件,评分标准均是用具体的行为指标来进行描述。

田效勋博士等人撰写的《过去预测未来——行为面试法》,专门介绍了BDI的设计和操作方法,他们做了一件很有意义的事情,对于推进面试科学化进程会大有帮助。作者将组织选拔人才的实践总结整理,并以理论为指导进行系统化,这对于传播科学化的人事测量技术会大有裨益,当然,写作的过程也能够提高自身的水平。应该说,这本书不是严格意义上的学术著作,它的风格介于学术和应用之间,略偏重于实践。该书对BDI的设计流程和主持、评分方法进行了全面、系统的介绍,还列出了常见胜任力的面试题目,很有实用价值。

实践者可以将本书当作操作手册来参考使用。

书中很多观点和方法,大多源于作者们自己的亲身体验,很有实践价值。如书中提道:

> 应届生的大学生活中包含了非常多的能够预测其将来工作表现的信息,从经验上来看,我们认为对应届生的评价主要集中在以下五个方面:课程学习中的事件;课题研究中的事件;班级集体活动中的事件;社会实践活动中的事件;家庭、朋友之间的生活事件。

这些都是从面试实践中总结出来的经验,可直接供大家参考使用。当然,书中个别观点既然未经实证,就存在需要读者通过实践进行检验之处,如面试过程应该保持什么样的氛围等问题。

相对而言,BDI 的设计需要遵照科学的流程,而主持 BDI 则需要更多的技巧。初次使用者虽然提问的是 BDI 题目,但应聘者的回答往往是一些理论性的阐述。稍具备一些经验者,虽然能够使应聘者讲实际经历的事件,但讲述的内容仍不够完整。经验丰富者则能够让应聘者将所经历的事件背景、过程和结果完整地讲清楚。而提问技巧高超者则能够通过恰当的追问,让应聘者非常生动地描述更多和应聘岗位相关的重要信息。因此,读本书是掌握 BDI 的基础,而不断的练习才是根本。

BDI 是一种重要的面试类型,其适用性比较广泛,但它并不排斥其他面试类型的结合使用,如和 SI 的结合。大家可参阅其他资料,以更全面地掌握面试这项应用最普遍的人才甄选技术。

车宏生<br>
北京师范大学心理学部教授<br>
中国心理学会心理测量专业委员会副主任<br>
2018年6月

# 第 三 版 序

在讲课和咨询过程中，我得知很多人力资源人员在招聘工作中经常用到本书，有的同仁还把本书中的模型和面试题目作为日常工作常用的工具，比方说，书中提到的胜任力 MAP® 模型。对此，我觉得非常欣慰。我从事人力资源工作 21 年了，初衷就是想把心理学专业知识应用到社会中，能实现这个目标，我真的觉得很开心。

本书第一版是 2008 年出版的，时间已经过了 10 年，也有必要在第二版（2012 年）的基础上再次修订，以满足读者对高质量面试书的需要。同时，有的读者，在阅读和使用本书的过程中，也指出了一些细节上的问题。借此机会，我们对你们表示衷心的感谢！

本次修订主要体现在两个方面：一是内容方面的完善，二是图书质量的提升。

在内容上，一是增加了工作绩效内容的简要阐释，面试的目的是预测工作绩效，自然应该说明工作绩效的内涵；二是修订了之前的岗

位胜任力模型,包括中基层管理岗位和研发岗位;三是删去了部分和行为面试无关的内容;四是增加了行为面试评分的一般标准;五是对个别文字进行了修改;六是配了一些格言和插画。

在图书质量方面,本书第三版采用了更高质量的纸张和更易读的版式,目的是给大家提供一个更愉悦的读书体验。

借此机会,我再对行为面试的实质进行简要总结,希望读者能够领悟其本质,在实践中更有效地使用这种技术,选出更适用的人才。

首先,行为面试不同于基于应聘者经验和履历的面试,它是基于胜任力的面试。很多人混淆了二者的区别,实践中并没有真正用到行为面试的精髓。基于胜任力的面试,能够把真正有潜质的人才选拔出来,英雄不问出处,只要展现出某种带来高绩效的行为模式,就可以为组织所用。

其次,行为面试的题目情境和目标工作实际情境是一致的,而不是一般意义上的事件挖掘。有的实践者随便让应聘者讲一些事例,这不是真正的行为面试。一定要请应聘者讲述某个特定情境下的关键事件。

再次,行为面试维度、题目和评分参考的来源是工作分析,没有工作分析的行为面试效度是不理想的。因此,不研究工作特征,不分析高绩效任职者的特征和行为,就不可能设计出高质量的行为面试。

最后,追问是确保行为面试效度的关键,掌握追问技术是核心。在实践中,很多人并没有通过提问和追问,实现让应聘者活灵活现再现一个真实场景的效果,更多是获得了一个一般性、笼统性描述的"假事件"。

行为面试是我们主张的面试形式，但并不意味着我们对其他面试形式持否定态度。在特定情况下，也可以使用其他形式的面试，如情景面试、案例面试等。

北京智鼎管理咨询有限公司成立14年了，在为各个企业和机关单位服务的过程中，一直倡导多使用行为面试技术。当然，对管理者的选拔，还要采用评价中心中的情景模拟技术。情景模拟技术大概有十种左右的类型，读者如果感兴趣，可以读读我们的另外一本书——《发现领导潜能：情景模拟测验技术应用手册》。将行为面试和情景模拟结合起来，就可以对管理者进行更加深入全面的测评了。

希望本书第三版的出版，能对中国的人才管理工作，特别是人才选拔工作，尽一些绵薄之力，也恳请读者通过各种方式提出您的宝贵建议！

田效勋
2018年4月

# 第 二 版 序

《过去预测未来——行为面试法》第一版上市已经4年了。期间，许多读者表达了对此书的喜欢，并在工作中使用本书提到的一些面试技术和题目。能够帮助大家提高人才甄选水平，为组织选聘到合适的人才做一些贡献，作者们体验到了些许成就感。

在得到广大人力资源工作者厚爱的同时，作者心里也惴惴不安。由于时间仓促，第一版中一定会有一些不足甚至是错误之处。当时，我们也抱有一种愿望，有朝一日，能对此书进行修订，争取再版，向读者们奉献高质量的面试专著。今天，这个愿望终于实现了！

本书第二版除了对书中个别文字和段落进行改动之外，增加了一些新内容，它们是：

第二章增加了两节内容：一是 MAP 模型，介绍了智鼎公司提出和实践的胜任力模型；二是胜任力模型的开发方

法——逻辑推导法。

第四章增加了一些其他胜任力的定义、行为指标及其行为面试题目。

附录部分增加了"推荐资源",向读者介绍和本书相关的重要参考资料。

要充分发挥行为面试的威力,需要具备一些前提条件,其中首要的前提条件是充足的时间资源。很多面试官在使用行为面试法的过程中,深深体会到"追问"的价值。高质量的追问是保证行为面试效度的前提。追问就要花费一些时间。一道行为面试题目,如果严格按照追问原则来问的话,大约需要8分钟左右的时间。就算一次面试只问5个行为题目,也得花费40分钟的时间,这还不包括其他时间。

其次,要有胜任的面试官。行为面试对考官的要求更高,要求考官能够熟练应用ORCSE五步法来评分。O指的是Observe,即观察、倾听应聘者的言语和非言语行为;R指的是Record,即记录应聘者的行为;C指的是Classify,即对行为进行归类,看这些行为体现了哪种胜任力,是正向的还是负向的;S指的是Summary,即对应聘者的行为进行总结;E指的是Evaluate,即按照胜任力模型对应聘者进行评价。

最后,还要有应聘者的配合。应聘者如果对行为面试法不熟悉,在回答问题时,往往不讲述一件具体的事例,而是进行泛泛的概括。此时,即便是再高明的面试官,也无法对应聘者的胜任力进行准确的评价。因此,在这种情况下应对应聘者进行一定的引导,让他们对这种面试形式有一定的了解。这样才能让他们充分展现个人能力，同时也让用人单位对其有更全面、深入的了解。

第二版尽管有了许多改进，但仍不够完美，希望读者在使用过程中多提宝贵意见，以便以后再进行修订。选择合适的人才是人力资源开发的关键环节，面试是最常用的甄选技术，其中，既有艰辛的体验，也有奥妙无穷之感，让我们共同在实践中有所收获吧！

田效勋

2012年5月

# 第 一 版 序

预测一个人在未来是否成功,尤其是在只通过短短不到40分钟的面试就要做出重要决策的情况下,的确是一项极有挑战性的工作。多数人事经理和管理者高估了自己的面试水平,往往认为面试5分钟就能够对候选人做出准确的判断。几乎每个人都有自己一套独特的面试经验,这些个人化的、只可意会而不可言传的经验是否真的能够准确预测候选人的未来业绩呢?大量实证研究早就对此进行了否定。个人化的非结构化面试的预测效度仅为0.2左右,也就是说,这种面试仅仅能够解释未来业绩差异的4%,而96%的业绩差异不是这种面试所能解释的。

自20世纪80年代以来,随着面试的逐渐改进(如采用结构化面试),面试的预测效度才开始得到认可。行为面试就是一种结构化面试,它试图通过挖掘候选人过去的行为模式,来预测其未来是否成功。行为面试的预测效度已经得到了广泛的数据支持。但是,截至目前,国

内还没有一本系统介绍行为面试的专著。笔者从事人才测评工作已有十个年头，行为面试是我们最常使用的工具之一。非常高兴能够通过本书，和大家一起交流结构化的面试经验，如果能够推进大家积极采用结构化的行为面试，提高选准人才的概率，也算是我们的一个小小成就了。

本书从行为面试的基本原理讲起，着重介绍了行为面试的设计方法、主持技巧和评分方法。其中，还给出了常见维度所对应的行为面试题目，供大家在实践中参考使用。本书最适合专门从事人才选拔的工作者使用；对参加面试的候选人来说，也可以通过了解行为面试来做好面试准备，更充分地展示出自己的真实水平。

另外，需要提醒读者的是，在阅读本书之前你需要了解一些心理测量学知识，比如信度、效度、题目的难度、区分度等。如果你对这些概念不了解，建议先阅读本书的附录部分"心理测量学基本概念"。

感谢车宏生教授在百忙之中为本书作序。车教授一直倡导使用科学化的人事测量方法，并为推进中国心理测量的科学应用不懈努力。感谢中国轻工业出版社"万千心理"，正是他们对心理学在中国推广应用的慧眼，才使本书得以尽快出版。

由于时间仓促和经验所限，本书难免存在一些不足之处，敬请批评指正。您的反馈是我们不断取得进步的重要方式，我们愿意继续深入钻研行为面试这项技术，希望将来有机会修订本书，使其成为这个领域的经典专著！

田效勋

2008年4月23日

# 目　　录

推荐序·········································································· I
第三版序········································································ V
第二版序········································································ IX
第一版序········································································ XIII

**第一章　最有效的面试方法** ·············································· 001
　　常用的测评方法——面试 ············································· 001
　　最有效的面试——行为面试 ········································· 004
　　行为面试与结构化面试的关系 ······································ 009

**第二章　行为面试的前提** ················································· 013
　　胜任力模型简介 ·························································· 014
　　MAP 模型 ·································································· 022
　　胜任力模型的开发方法：行为事件访谈法 ······················ 026
　　胜任力模型的开发方法：逻辑推导法 ···························· 028

| 第三章 | 行为面试题目的设计方法 | 031 |
| --- | --- | --- |
| | 职位信息的收集和了解 | 031 |
| | 设计行为面试题目的原则、方法及步骤 | 043 |
| 第四章 | 经典行为面试题目 | 069 |
| | 动力系统 | 070 |
| | 个人品行 | 083 |
| | 个性特征 | 091 |
| | 认知能力 | 105 |
| | 人际能力 | 116 |
| | 领导与管理能力 | 127 |
| 第五章 | 行为面试的主持 | 151 |
| | 行为面试开始前的准备 | 152 |
| | 行为面试的过程 | 167 |
| | 行为面试的主持技巧 | 185 |
| 第六章 | 行为面试的评分方法 | 205 |
| | 行为面试评分表的设计 | 206 |
| | 传统评分方法 | 219 |
| | 行为列表法 | 233 |
| | 编码法 | 243 |
| | 三种评分方法的比较 | 252 |
| | 多名评价者评分的一致性问题 | 253 |
| 附录一 | 心理测量学基本概念 | 259 |
| 附录二 | 推荐资源 | 267 |

# 第一章

# 最有效的面试方法

> 预测个人未来行为的最好指标是他过去的行为。
>
> ——斯蒂芬·P·罗宾斯

## 常用的测评方法——面试

### ☞ 什么是面试

在人才甄选的各种测评方法中,面试应该是应用最为广泛的一种。很少有人不进行面试,而只通过其他测评方法就做出录用一个人的决定。如果不在初筛阶段采用面试,那么至少在深入测评阶段也要使用面试对候选人进行评估。

但是,在实践中,面试往往是最容易忽视系统设计的一项测量工具。很多人,特别是用人部门的负责人所做的面试,常常是一个非常随心所欲的过程,他们习惯于依靠自己的经验和直觉来进行判断。不过,既然人们那么依赖面试,就应该对其进行认真设计才行。

到底什么是面试呢？

面试是挖掘应聘者和目标岗位有关的信息，并根据这些信息预测其在目标岗位上的未来表现的过程。

目标岗位即应聘者所应聘或竞聘的岗位。面试是一项目的明确的工作，紧密围绕组织的目标岗位开展。

## 面试的两个紧要任务

从以上关于面试的定义中，我们可以看出面试的紧要任务有两个：挖掘信息和预测绩效。

### 挖掘信息

面试时间是有限的，不能漫无边际地聊天，而是要充分利用有限的时间得到你想要的那些和目标岗位有关的信息，不必关心和目标岗位无关或低相关的信息。如果想招聘一个软件工程师，就不要关心应聘者"对中国的足球怎么看"的类似信息。有些管理者不认同这个看法，他们认为看似漫不经心的聊天能够让应聘者放松，并能够从中发现一些重要的信息。的确，让应聘者放松这个想法是对的，但毕竟面试的时间有限，如果不集中精力于关键信息的挖掘，不按照设计好的标准化程序来问问题，那么，我们可能只是得到一些无关紧要的信息。这样做的结果可能是：凭借应聘者某一个方面的信息或管理者（面试评价者）的某些个人偏好和假设，做出了一些草率的人事决策。

**预测绩效**

很多做面试工作的人能够挖掘到有效的信息，但不能据此做出应聘者能否胜任岗位的预测。这是为什么呢？信息挖掘出来之后，面试者要对应聘者与岗位要求相关的胜任力水平做出判断，才能去预测其将来的绩效。如果面试者不能清晰地记住这些信息，或者不能把这些信息和胜任力联系起来，就难以做出准确和自信的预测。

☞ **什么是绩效？**

面试的最终目的是预测候选人未来的工作绩效。工作绩效的范畴包括任务绩效和周边绩效。任务绩效由涉及核心工作职责的那些和完成具体工作直接相关的行为所构成，其水平主要由能力和经验所决定。周边绩效由那些和具体工作不直接相关的行为所构成，如与同事合作、奉献行为等，其水平主要由个人的人格、价值观等决定。

面试的两个紧要任务都是围绕着工作绩效来开展的。不仅仅是判断候选人能不能干好工作，还要考查其能否支持他人，能否为实现组织利益最大化而额外付出努力。

如此说来，面试并非一项轻松的工作。除了问对问题，记住回答细节，还要对这些信息进行加工和整合分析，从而预测应聘者未来的表现。这个过程实际上是非常复杂的、高级的认知过程，需要面试者高度集中注意力。

## 最有效的面试——行为面试

☞ **什么是行为面试**

1982年，简兹（Janz）最早对行为面试进行了阐述。行为面试关注被面试者过去实际发生过的行为，即：在过去的个人经历中，有没有遇到过所要应聘的工作中可能会遇到的一些类似情景，以及当时是如何处理的。行为面试又叫行为描述面试（Behavior Description Interview，简称BDI）。

行为面试主要依据候选人对其过去实际行为的描述来评价其胜任力，而不受诸如学历、年龄、性别、外貌、非言语信息等方面的影响。但是，这里需要指出的是，在非言语信息的影响方面，对"沟通技能"这个胜任力的评价可能是例外的。面试本身也是一个人际互动过程，被面试者的非言语信息也是一种实际发生的行为，它会影响对候选人"沟通技能"水平的判断。

☞ **行为面试的原理**

为什么行为面试是有效的呢？行为面试的假设是：过去的行为是预测未来行为的最好指标。

一个人的行为模式是相对稳定的，不会在较短时间内发生大的变化，特别是在遇到类似的情景时，人的行为反应倾向于重复过去的方式。比方说，一个人在过去的一年中，遇到了一些比较傲慢无礼的客户，但是他能够很好地克制住自己的情绪，仍然耐心地和客户交流，并以自己的专业精神征服了对方。那么，在明年再遇到类似的情景时，他也会做到冷静处理、从容应对。

很多时候，行为模式会在类似的情景出现时与过去保持一致性，这是工业与组织心理学的一个基本原则。在校园招聘时，我们的面试对象并无多少实践工作经验，但是，我们仍然可以从类似工作情景中挖掘学生在学校中的行为细节，来预测其在工作中的表现。比方说，为了考查学生在工作中是否善于动脑子、主动想问题，我们可以问这样的问题：

**请描述在完成老师布置给你的任务中，你能够自己打破传统做法、有效达成目标的实际例子。**

如果某个学生能够很快地举出这样的例子，那么，我们可以推想：他将来在工作中完成上级布置的任务时，也会主动寻求更好的解决方案，而不是一味地服从。这种推想就是基于他过去实际发生过的行为来做出的，尽管会有一定的风险，但毕竟比根据他理论上说"我会怎么样"要可靠得多。

**找工作能力强的人和做工作能力强的人，我们要哪一种？**

有的人善于表现自己，善于在面试中管理自己给他人的印象，但实际工作能力却很一般。在很多情况下，找工作的能力和做工作的能力是两种能力（见表1-1）：

表 1-1　找工作和做工作所需能力的差异

| 找工作的能力 | 做工作的能力 |
| --- | --- |
| 镇静自信 | 主动积极 |
| 和蔼可亲 | 善于合作 |
| 发音清晰 | 达成目标的能力 |
| 外表阳光 | 业务能力 |
| 性格外向 | 悟性 |

在招聘中,有一些组织常常采用竞聘演说的方式来考查应聘者的能力。由于竞聘演说的时间较短,应聘者只是将准备好的材料讲讲而已,讲的又是一些"假如我担任某职位,我会怎样"的理论性内容。这样,如果评价者对候选人事先不了解,那就只能根据候选人的演讲技巧和整体印象来打分了。因此,这种形式的竞聘演说可能考查的是找工作的能力,而不是做工作的能力。竞聘演说可以作为评价候选人的一种辅助方式,但不能是主导的方法。

如果采用非行为面试,评价者则很可能受到候选人外在的、表面的个人特点的影响,过多地评价其找工作的能力,而对其做工作的能力缺乏有效的深入考查。行为面试则主要关心候选人过去实际经历中的行为模式,而对其面试过程中的外在形象、言谈举止等表面的个人特点不太关心。

## 👉 行为面试和情景面试的异同

1980年，兰瑟姆（Latham）等人最早阐述了情景面试（Situational Interview，简称 SI）。他们指出，情景面试首先给被面试者呈现所应聘工作可能遇到的一个情景，然后了解被面试者在这些假设的情景中将如何行动。其假设是：人的意图和设想是未来行为的有效预测指标。例如，我们用下面的题目来考查候选人的组织协调能力：

假设在你新任部门总经理三个月的时候，你的副手经常越过你向你的上级汇报工作。你会如何处理此事？

行为面试和情景面试的比较如下（见表1-2）：

表1-2 行为面试和情景面试的异同

| 面试类型 | 情景 | 行为 | 真实性 |
| --- | --- | --- | --- |
| 行为面试 | 所应聘工作可能遇到的类似情景 | 真实发生过的行动 | 高 |
| 情景面试 | 所应聘工作可能遇到的类似情景 | 可能会采取的行动 | 低 |

行为面试和情景面试的共同点是：两者都关注候选人在目标职位可能会遇到的典型情景时的表现，只不过行为面试关心的是过去实际的行为，情景面试则关心将来可能的反应。实践证明，行为面试和情景面试均是比较有效的面试方法，二者的信度、效度没有很明显的差别。但是，情景面试不太适合高层管理职位的选拔，相对而言，行为面试则是更适合的方法。高层管理职位者所遇到的工作情景比较复杂，不太容易用情景题目来描述，对这些问题的回答也缺乏区分

度,而行为面试则避免了这些不足。比如,我们要考查一个高层管理者实施复杂的组织变革的能力,设计情景面试题目时,很难用很短的话语来描述一项复杂的组织变革内容,可能的情景题目是这样的:

假如你任一个公司的总经理,上任后发现,该公司员工的工作动力不足,你打算如何推行一些变革措施,来调动大家的工作动力呢?

上面这个问题对工作情景的描述比较笼统,可想而知,候选人的回答只能是类似如下千篇一律的话:

我会先通过调研了解员工工作不积极的真正原因;然后,针对原因采取一些机制改革措施,如提高绩效工资的幅度范围;同时,对表现好的员工要经常给予培训机会、表扬等激励,对于那些表现差的员工给予批评等。

而当我们改问行为面试题目时,可能会问下面的问题:

请谈谈你近年来亲自发动的一次影响比较大的组织变革。

对于这个题目的回答,通过追问细节,对不同的候选人,我们会得到差异性较大的信息,也就有可能找到候选人之间的差异。

综上所述,行为面试是通过挖掘应聘者过去的经历来预测其未来工作表现的一种较为准确和有效的面试方法。行为面试表面上和许多面试官问应聘者的过去经历有点类似,但是,行为面试中,应聘者被要求讲与目标职位紧密相关的特殊情境,他们当时在这种情境中的具体反应和结果。这和传统面试还是有很大不同的。

## 行为面试与结构化面试的关系

### ☞ 结构化面试的预测效度高

大量实证研究证明,结构化面试比非结构化面试的预测效度高。那么,"结构化"的含义指的是什么呢?

所谓结构化,指的是面试题目及实施过程中的观察和评价规则要标准化。对同一个职位的应聘者而言,它都使用相同的规则,即三个相同;非结构化面试和结构化面试相反,就是对同一职位的候选人来说具有三个不同(见表1-3)。

表1-3 结构化面试与非结构化面试的区别

| 三个相同 | 三个不同 |
| --- | --- |
| □ 面试题目相同<br>□ 观察要点相同<br>□ 计分方法相同 | □ 对不同候选人会问不同的问题<br>□ 对不同候选人观察要点不同<br>□ 对不同候选人计分方法不同 |
| 结构化面试 | 非结构化面试 |

结构化面试之所以优于非结构化面试,其原因有三个方面(见表1-4):

表1-4 结构化面试优于非结构化面试的三方面

| 方面 | 说明 |
| --- | --- |
| 以工作分析为前提 | 结构化面试以较为彻底的工作分析为前提。一般采用1954年弗拉纳根(Flanagan)提出的关键事件技术来设计面试问题,避免了使用和职位无关的问题。 |
| 假设行为与动机的高相关 | 结构化面试假定人们的行为和意图是强关联的。在某个情景中的实际行为反映的是应聘者行为背后的动机。举例来说,一个人讲述他在遇到客户提出苛刻要求时能够以此作为提升服务质量的机遇,努力改进服务流程,满足客户的需求。这件事说明候选人有较强的客服意识(意图或者动机)。可以假定,该应聘者再遇到类似情景时,因为他具有较强的客服意识,所以也会再表现出和过去类似的努力改进服务质量的行为。 |
| 事先设计的面试题目和评分标准 | 按照事先设计好的面试题目来提问,并采用事先设计好的评分标准,这会提高面试的信度。 |

结构化面试减轻了评价者的负担,也防止其任意发挥个人偏好。假如在设计和执行上能保证上述三个规则到位,结构化面试应该会比非结构化面试的效果好。

很多尝试使用结构化面试的人并没有体验到它的效果,主要原因在于忽视了面试前的准备工作。标准化的过程需要花费很多时间和精力才能做好,但是很多实践者总是草草了事,当然不会有好的收获。例如，设计面试题目之前需要先做工作分析，才能有针对性，而工作分析需要大量的时间投入。

## 行为面试是结构化面试

行为面试不是泛泛地询问被面试者过去所经历的事情，而是一种结构化面试，遵循标准化的流程，因此，我们也可以将行为面试称为结构化行为面试。行为面试的如下流程反映了它的结构化特征：

- 第一，行为面试是以工作分析结果为依据的。
- 第二，行为面试围绕行为维度进行设计，而行为维度来源于关键事件分析。
- 第三，行为面试的问题都是标准化的，目的是了解应聘者过去是如何处理类似工作情景中的问题，从而引发出与一个或多个行为维度相关联的信息。
- 第四，面试官对应聘者讲述的内容进行灵活的追问，目的是对背景、行为目标、行为措施和结果进行细节性的深入了解。
- 第五，面试官对应聘者的回答进行记录。当所有标准化问题和追问结束后，面试者依据记录，在行为锚定的评分表上对应聘者进行评价。
- 第六，对行为维度评分进行加总整合，得出评价结果，为人事决策提供参考。

将以上六个步骤进行简化，如图1-1所示：

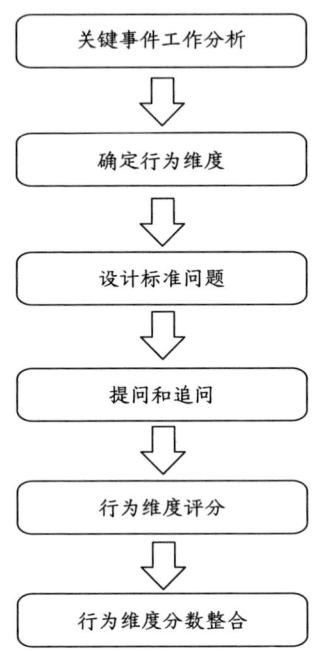

**图1-1 行为面试的流程图**

上述流程中的前两个环节是职位胜任力模型的开发过程。接下来专门向大家介绍胜任力模型的开发过程。

# 第二章

# 行为面试的前提
## ——胜任力模型及其开发方法

你可以教导一只火鸡如何爬树,但更容易的事,则是直接雇用一只松鼠。

——佚名

# 胜任力模型简介

## 什么是胜任力

"胜任力"恐怕是人才管理领域的核心概念。那么，到底什么是胜任力呢？

在工作中，有绩效表现优秀者，也有平平者，把二者区分开来的个人特征就是胜任力。

"胜任力"（competence）这个概念最早出现在美国著名心理学家大卫·麦克利兰（David C. McClelland）的文章《测量胜任力而非智力》（Testing competence rather than intelligence）中。20世纪70年代初，麦克利兰教授创立的管理咨询公司接受帮助美国政府挑选驻外联络官（Foreign Service Information Officers，简称FSIO）的任务。在此之前，要成为FSIO，必须通过"驻外服务官员测试"。这一测试的评价内容主要包括：智商、学历、文凭和学习成绩，以及一般人文常识与相关的文化背景知识。然而实践证明，用这种方法挑选出来的人有很多并不能胜任自己的工作。

麦克利兰研究小组采用了对比分析的方法，找出表现优异的FSIO和表现平平的FSIO各两组，然后对他们进行行为事件访谈，总结出两组群体在行为和思维方式上的差别。由此，麦克利兰项目小组为美国政府建立了FSIO的胜任力模型，以下三条是核心的胜任力：

- 跨文化的人际敏感性
- 对他人的积极期望

● 快速进入当地政治网络

看来，胜任力包含的个人特征比较广泛，不限于传统的知识、技能，更重要的是强调影响绩效的其他非技术性特征，如主动性、人际理解能力、客户意识等。在这些非技术个人特征中，动力特征和情感智力特征占据了主要的部分。一个人要想在工作上有出色的表现，首要的是具有强烈的想做好工作的愿望（动力特征），其次是要有与他人一起合作共事的能力（情感智力特征），还要具有很强的分析问题的能力（认知能力特征）。

其实，关于哪些个人特征决定一个人的工作业绩和职业成功，普通人的经验和常识也能够加以证明。现在，你可以闭上眼睛，回想你身边工作非常出色的一个人，并用三个词语来描述他的特征。

你用的是哪些词语呢？笔者曾经在培训班上多次做过类似的试验，多数人描述身边工作出色者常用的词语是：

敬业、责任心强、细心、自信、勤奋、悟性高、认真、务实、主动、善于沟通、团队精神……

以上这些词语与一个人所拥有的知识、技能似乎没有多大的关系，而更多的与一个人所具有的动力特征以及人际能力有密切的关系。

## 胜任力的预测力更强

选人的传统做法过于看重学历、知识、技能、经验等因素，而胜任力则更强调深层次的个人特征，如成就动机、合作能力等。前者是容易评估的,后者则需要借助非常专业的方法、工具才能得到较为准确的测量(见表2-1)。但正是这些难以评估的个人特征决定了一个人是否能够成功。随着高等教育的逐步普及,人们在学历、知识等方面的差异越来越小,但人和人之间在深层次的特征上还是有很大的差异。这一点也决定了胜任力的预测能力更强一些。

表2-1 传统面试与行为面试的差异

|  | 传统面试 | 基于胜任力的行为面试 |
| --- | --- | --- |
| 考查维度 | 学历、知识、技能、经验等 | 认知能力、动力特征、人际能力等 |
| 区分度 | 低 | 高 |
| 专业性 | 低 | 高 |
| 难易度 | 易 | 难 |
| 预测力 | 低 | 高 |

## 什么是胜任力模型

胜任力模型是指出色地完成特定工作所需要的胜任特征的总和。胜任力的理论模型,也即一般意义上的胜任力模型是冰山模型。图2-1是冰山模型的示意图。

从冰山模型中可以看到,个体身上存在五种类型的胜任力特征,其具体内容如下:

**动机(motives)** 决定外显行为的内在的、稳定的想法或意图。

动机驱动、指导和选择那些指向特定行动或目标的行为,而远离其他行动或目标。例如,成就动机强的人往往会为自己设定挑战性高

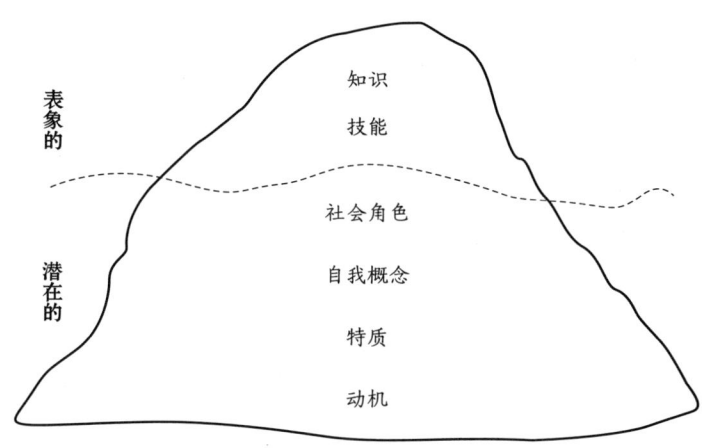

图 2-1　胜任力冰山模型

的目标,为达到这些目标承担起个人责任,以及对反馈信息的关注会促使他把事情做得更好。

**特质**(traits)　人们所具有的特征或典型的行为方式,它使个体在面对类似情景或信息时都会有一致的反应。如情绪自控性和主动性都是成功管理者的胜任力特征,在压力情景中,这种胜任力显得更加重要。情绪自控能力强的人,在各种情景中以及较长的周期内都能保持稳定和镇静。

动机和特质都能预测人们在长期的、无人监督的情况下从事工作的行为。

**社会角色**(social role)　个人对社会规范的认知和理解表现出来的基于态度和价值观的行为方式与风格,或者说是个人给社会呈现出的形象。

**自我概念**（self-concept） 指一个人对自身存在的体验。它包括一个人通过经验、反省和他人的反馈，逐步加深对自身的了解。自我概念是一个有机的认知结构，由态度、情感、信仰和价值观等组成。如自信心就是一个人的自我概念之一，指的是一个人相信自己几乎在任何情景中都能有效地去应对和承受的信念。

**技能**（skill） 指掌握和运用专门技术的能力（如英语读写能力、计算机操作技能等）。其中，认知技能包括分析思维和概念思维，前者包括加工信息和数据分析、发现因果关系等，后者是指识别复杂数据中的模式的能力。

**知识**（knowledge） 某一职业领域所需要的信息。知识只能说明一个人能够做些什么，但不能预测他是否真的会那么做。

## 常见职位胜任力模型

### 基层管理者胜任力模型

基层管理者的主要任务是"带兵打仗"，更多时间是带头执行具体的操作工作，这就决定了基层管理者的胜任力重点：以业务能力和业务管理能力为主。笔者根据多年人才选拔的实践经验，认为如下特征是基层管理者胜任力模型中不可缺少的内容（见图2-2）。

### 中层管理者胜任力模型

中层管理者在组织中起着承上启下的作用，并需要在左右部门之

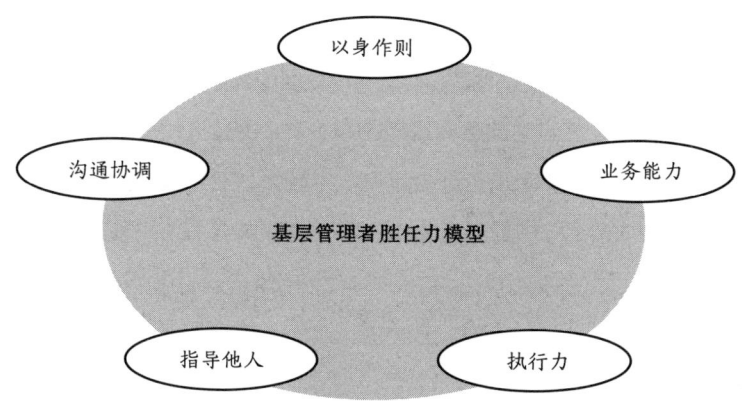

图 2-2　基层管理者胜任力模型

间进行协作支持等,这就要求管理者具备很强的组织协调能力。笔者在选拔中层管理者时,比较看重的是如下胜任力特征(见图2-3)。

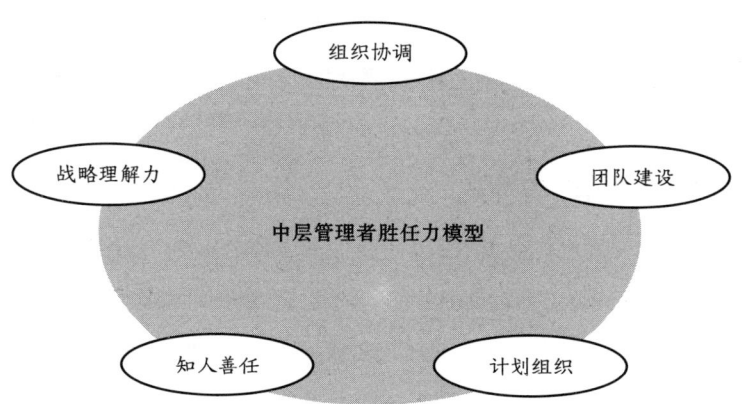

图 2-3　中层管理者胜任力模型

## 高层管理者胜任力模型

高层管理者扮演着战略决策者的角色,又要通过组织整体的建设来达成目标,因此要求综合能力很高,与对中基层管理者的要求完全不同。一般来说,胜任高层管理工作需要如下胜任力(见图2-4):

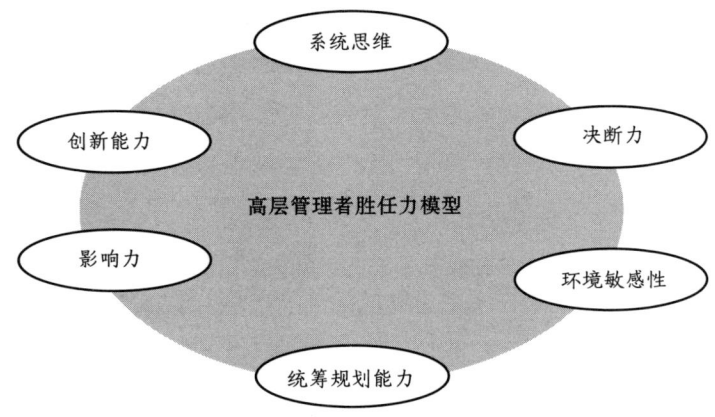

图2-4 高层管理者胜任力模型

## 销售岗位胜任力模型

销售岗位是现代组织中非常重要的工作类别,是企业组织的"龙头"。好销售员和差销售员的业绩差别非常大,因而使得企业在选拔和培养销售员方面非常舍得投入。通常来说,一位业绩出色的销售员要具备如下胜任力特征(见图2-5):

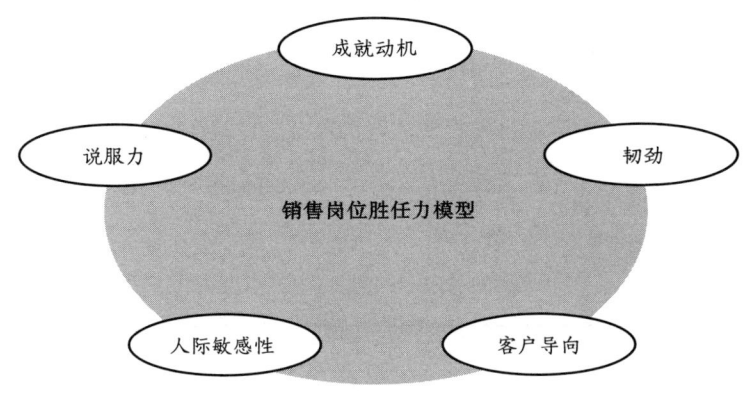

图 2-5　销售岗位胜任力模型

## 研发岗位胜任力模型

研发能力对创新型企业来说是核心竞争力。企业在选拔研发人员时切忌只看专业水平，不看综合能力。专业水平的确重要，但与人合作的能力对现代企业中工作的推进来说更加重要。在选拔研发类人才时，以下胜任力需要特别关注（见图2-6）：

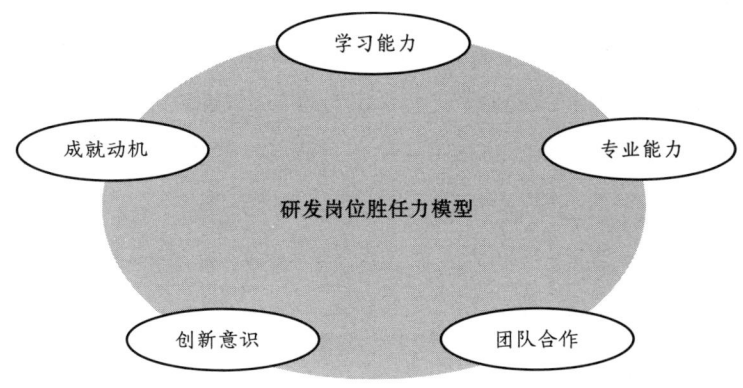

图 2-6　研发岗位胜任力模型

## MAP 模型

智鼎公司在研究和实践中总结出了一个简洁实用的胜任力模型，叫 MAP 模型。MAP 的含义如表 2-2 所示。

表 2-2　MAP 模型

| Mental capability | Attitude | People skill |
|---|---|---|
| 脑力 | 态度 | 与人打交道的技能 |

M（mental capability，脑力）　是一个人加工信息的能力，即分析信息并做出判断的过程。M 是做好工作的基础，岗位复杂程度不同，所需要的脑力水平不同。流水线上的操作岗位和总经理所需要处理的信息复杂程度差别很大，前者可能需要按照既定流程和标准做事，而后者没有一定的行为标准，更多情况是在不确定的环境中做出前瞻性的判断。M 因素对高层管理者来说是至关重要的。随着岗位复杂性的增加，对 M 的需求也在提高。

M 包含两类能力，每类又包含不同的能力，如表 2-3 所示。

表 2-3　Mg 和 Mp

| M-general (Mg) | | | | | M-practical (Mp) | | | | |
|---|---|---|---|---|---|---|---|---|---|
| 通用思维 | | | | | 实践应用 | | | | |
| 信息收集 | 逻辑分析 | 系统思维 | 创新力 | …… | 计划与组织 | 战略思维 | 专业能力 | 决策力 | …… |

其中，Mg 是指一个人对抽象信息与问题进行处理及加工的基本认知能力，其核心是逻辑分析能力。它能够预测一个人学习新领域的知识技能的速度和质量。Mg 强的人的学习成绩会比较好。比较复杂的技术性岗位需要较高的 Mg。Mp 是解决具体的工作实践中所遇到的问题的能力。Mg 只是 Mp 的基础，但不是同一种智能。智鼎公司在帮助企业选拔高层管理者的实践中，遇到的优秀管理者中，有很大一部分人的 Mg 并不强，但善于解决实践问题，业绩突出。如一部分学历水平并不高的管理者，他们在摸爬滚打中练就了实战技能，适应环境的能力很强，并独立自主地摸索出了一套符合实际情况的管理企业的方法。当然，Mg 强的人如果 Mp 也很强，那自然就非常完美了。但是，人的心理能量是有限的，往往是在一个方面长，在另一个方面短，多个方面都强的人毕竟是少数。

一个人在事业上所达到的高度和自身聪明程度的关系是紧密相连的。尽管情商非常重要，但是就高层管理人员和复杂技术性岗位来说，聪明与否的重要性仍然是显而易见的。

A（attitude, 态度） 是一个人内心里对生活、对工作、对职业的基本认识。A 主要可以分为两种类别，每类里又包括不同的特征，如表 2-4 所示。

表 2-4　As 和 Am

| A-self management (As) 自我管理 | | | | | A-motivation to work (Am) 工作动力 | | | | |
|---|---|---|---|---|---|---|---|---|---|
| 诚信正直 | 自我认知 | 提升与发展 | 自我控制 | …… | 客户导向 | 质量导向 | 敬业负责 | 主动性 | …… |

As 是指个人对于自我行为的认知与管理，它延伸到"德"层面的素质，是一个人做事的根基。其中，诚信正直是 As 的核心，它是从社会道德层面来衡量个人的行为方式与风格。随着社会发展的需求，诚信正直也越来越成为组织选拔人才的一个重要因素。华为公司明确提出，干部的品德与作风是资格底线。

Am 是指个人对工作的理解、认知及态度，它决定着个人对于工作的投入程度，同时与工作产出及成果状况存在很高的相关性。在 Am 上得分高的人，在工作中通常表现出高涨的工作热情和积极主动的态度。此外，从事不同的工作类型将需要个人具备 Am 中的不同特征。如从事销售、服务、支持等类型的工作，需要个人具有较高的客户导向；而从事技术、工程、财务等类型的工作，则需要个人具有较高的质量导向。

**P（people skill，与人打交道的能力）** 对管理岗位、销售岗位以及任何需要团队合作的岗位来说，与人打交道的能力是非常重要的素质。

P 包含两类能力，每类又包含不同的能力，如表 2-5 所示。

表 2-5　Pc 和 Pt

| P-communication and cooperation (Pc) | | | | | P-team management (Pt) | | | | |
|---|---|---|---|---|---|---|---|---|---|
| 沟通合作 | | | | | 团队管理 | | | | |
| 关系建立 | 表达能力 | 说服力 | 团队协作 | …… | 识人用人 | 指导与培养 | 激励他人 | 团队建设 | …… |

Pc 主要指个人有效传递与交流信息、与他人建立良好合作关系的技能。在当今竞争愈发激烈、分工愈发精细化的大形势下，个人能否与他人进行良好的沟通及协作，将直接影响到个人工作的推动进展效果。一个人个人能力再强，但不具备与他人沟通合作的意识或是不懂得与他人沟通合作的有效技能，那么也得不到企业或组织的青睐。

而 Pt 则指个人通过一些方法或技巧影响与激发他人投入工作的能力，它直接影响其能否管理好他人。管理的本质是推动他人达成共同目标，能否管理好他人直接影响管理的成效。其中，识人、用人是 Pt 的核心。大凡在事业上大有成就的人，在识人、用人方面都会留下很多可供借鉴的故事。我们在选人实践中，发现很大一部分技术出身的管理者在 M 和 A 方面有突出的表现，但在 P 方面，尤其是 Pt（团队管理）方面表现不佳。

在 MAP 模型中，A 对其他两个因素还起到调节作用。换句话说，如果一个人的态度好，即便是 M、P 两个方面弱一些，也会去主动地弥补和提升。一个人的性格可能是内向的，不善于也不愿意和人沟通，但是，如果他有很强的事业心，就可以主动地在行为上学习沟通技能。一个人可能不够聪明，但是，如果他有足够高的成就动机，他就会主动地学习，向书本学习，向他人学习，也就是我们常说的"勤能补拙"。

MAP模型为企业选拔人才确定标准时提供了一个实用的框架。实践者可以根据具体岗位的需要，将具体的胜任力要求落实到MAP模型中。

## 胜任力模型的开发方法：行为事件访谈法

在开发胜任力模型的方法中，行为事件访谈法（Behavioral Event Interview，简称BEI）是最客观、最系统的方法。根据实际需要，可以借用行为事件访谈法的原理来开发胜任力模型。不过并不一定如下面描述的过程那样烦琐（见表2-6）。

表2-6 行为事件访谈法

- 最客观的胜任力模型开发方法。
- 通过让被访者讲述自己工作中经历的行为事件，来挖掘被访者的胜任力。
- 被访者所描述的行为事件包括最成功和最失败的事例，对事件的描述非常详尽，包括背景、目标、行动和结果等要素，这是对事件的完整叙述。

要让被访者将上述信息描述得完整具体，需要访谈者运用高超的访谈技巧，尤其是要善于通过追问来获取信息。

在上述信息的基础上进行胜任特征编码，其基础是胜任力词典。胜任力词典会描述常见的胜任力的定义和每个胜任力的行为指标。在胜任力词典的基础上，涉及具体职位胜任力模型的开发时，可以对其进行完善，形成具体职位的胜任力编码词典。

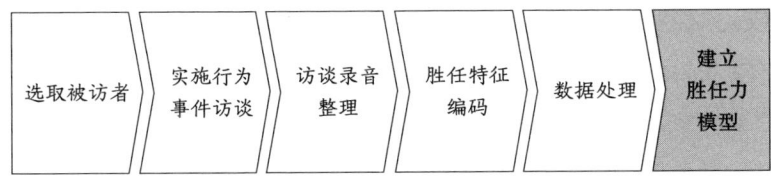

图 2-7　BEI 建立胜任力模型的一般过程

## ☞ BEI 建立胜任力模型的一般过程

以下是 BEI 建立胜任力模型的一般过程,主要有 6 个步骤(见图 2-7)。

**第一步:选取被访者**。选取业绩突出者和业绩普通者各 10 人以上。人数太少不行,缺乏代表性。人数太多则成本太高,不现实。如何确定业绩高低可能是个难题,但最好有硬件标准,如考核成绩、销售业绩等。

**第二步:实施行为事件访谈**。请每个被访者讲述 3 个最成功的和 3 个最失败的亲身经历的事件。访谈时间一般控制在 120 分钟以内,并对整个访谈过程进行录音。

**第三步:访谈录音整理**。将录音全部转化为文字记录资料。

**第四步:胜任特征编码**。首先,编码专家阅读文字记录,对其中的关键事件进行主题分析,分析主要的概念和思想,提炼基本主题。然后,根据编码词典,将事件中出现的胜任特征的行为指标进行归类和编码。

**第五步:数据处理**。在编码基础上,统计各个胜任特征出现的次数、等级分数。

第六步：建立胜任力模型。进行业绩突出者和业绩普通者之间胜任特征统计指标的比较，进而形成胜任力模型。

以上是使用行为事件访谈法建立胜任力模型的一般过程，这个过程对非专业人员来讲是有一定难度的，需要请专业人员协助才能有效地完成。

在人力资源的管理实践中，我们可以借鉴行为事件访谈法的原理来设计职位的胜任力模型。行为事件访谈法最重要的思想是"客观"，即我们不是杜撰出的胜任力模型，而是通过实践中真实的行为记录来挖掘其背后的胜任力。在设计面试的考查维度时，要对绩优者和业绩普通者进行行为事件访谈，即便不是经过严格的编码过程，我们也能从中得到很多有价值的、与胜任力有关的信息。

## 胜任力模型的开发方法：逻辑推导法

下面介绍胜任力模型开发的另一种方法：逻辑推导法。这种方法是基于目标职位的工作任务清单，召集熟悉目标职位的专家进行头脑风暴，通过逻辑推理的方式推导、提炼出胜任该职位的人员应具备的胜任特征。

主要分为以下两个阶段：

### 第一阶段：编制工作任务清单

通过访谈、问卷调查或参考该职位的岗位说明书等方式，收集目标职位的工作任务，通过整理、提炼，最终形成目标职位的工作任务清单。

本阶段需注意以下几点：

1. 访谈或调查对象需熟悉目标职位，如目标职位的任职者，或目标职位的上级。
2. 整理形成的是工作任务，而非工作职责或行为，因此工作任务既不能太笼统，也不能太具体。
3. 为了确保不遗漏重要或关键的工作任务，需要请熟悉目标职位的专家对工作任务的重要性、频率进行评定，最终只保留重要、发生频率不太低的工作任务。评定工作任务的专家和参加头脑风暴的专家最好不是同一批人员。

### 第二阶段：专家研讨会推导胜任力

召集一定数量的职位专家，对工作清单进行头脑风暴，通过逻辑分析的方式推导出胜任该职位人员应具备的胜任特征［包括知识（knowledge）、技能（skill）、能力（ability）及其他个人特征（other characteristics），简称 KSAOs］，并要求职位专家对推导出的胜任特征的重要性进行评价，最终形成目标职位所需的胜任力。

本阶段需注意以下几点：

1. 头脑风暴是一个思维发散的过程，要鼓励专家畅所欲言，发挥集体的智慧，产生出相对全、针对性强的胜任力特征。
2. 对头脑风暴形成多个胜任特征，可以采用归类、等级评定等方法逐步提炼出岗位所需的关键胜任特征。

相对于关键事件法来说，采用逻辑推导法开发胜任力更为省时省力，但也具有一些不足。详细的对比见表2-7。

**表2-7　两种建模方法比较**

| 方　法 | 优　势 | 劣　势 |
| --- | --- | --- |
| 关键事件法 | 胜任力的提取源于访谈收集的具体事例；有第一手的原始资料来支撑胜任力模型的客观性。 | 收集到有效的事件并不十分容易；开发周期更长，需投入更多的人力与物力。 |
| 逻辑推导法 | 在职位是新设立或新增职能的情况下只能用此法；相对而言省时省力。 | 由于本方法基于工作任务进行推导，因此容易受工作任务本身的数量、重要性、频率等因素影响；专家可能缺乏丰富的词汇来表述所需的胜任力；模型缺乏实证数据支持。 |

# 第三章

# 行为面试题目的设计方法

明智的指挥官会集中大力攻陷他们想要的碉堡,而从来不攻打和他们的目的无关的碉堡。

——约翰·D·洛克菲勒

行为面试题目的设计需要建立在职位信息收集的基础上,因此,本章首先介绍关于职位信息收集的相关知识,然后再介绍行为面试题目的设计方法。

## 职位信息的收集和了解

### ☞ 职位信息收集的重要性和难度

**职位信息收集的重要性**

在做出聘用决策前之所以组织面试,最根本的出发点在于招聘者想要足够多地了解应聘者的做事特点、人际交往能力、思维特点、面对困难时的表现、情绪控制能力、对不确定性环境的适应能力、

发展潜力等,从而判断候选人是否符合组织的文化和价值观的要求,是否符合目标职位的要求,以及能否在将来的工作中取得成功。归结为一点,即要判断候选人与职位的匹配程度。

如何确认候选人与职位是否匹配呢?为解决这个问题,需要做好三个方面的工作:

- 清晰地知道职位的要求是什么
- 通过各种合理合法的手段了解候选人的特点
- 通过科学的决策系统来判断谁是最合适的人选

通过上述三条可知,为做出科学的录用决策,行为面试之前必须了解职位信息。如果缺乏对职位信息的了解,在面试时就会失去探寻的目标,容易漫无目的地去问问题,而最终的聘用决策也就失去了依据。

因此,了解职位信息对行为面试能否成功起着至关重要的作用。一方面,通过对职位信息的收集,能够收集面试题目的素材,也使面试题目的设计更有针对性;另一方面,通过对职位信息的收集,找到在工作中取得成功所需要的特殊的知识、技能或其他品质,将帮助面试评价者把精力集中于应聘者过去工作经历的关键之处,从而提升对应聘者做出科学判断和聘用决策的效率和质量。

### 职位信息收集的难度

在实际人力资源管理中,各级管理者对招聘工作存在一个误区,那就是绝大多数管理者认为:在企业人力资源管理中,最简单的工作是招聘。很多人力资源管理工作者的第一份人力资源工作职位就是招聘专员,大家似乎认为招聘工作是最基础的、没有什么难度的工作。因为在人们的印象中,招聘专员只需要发布信息、收集和筛选简历、电话联系并安排面试即可,似乎没有多少技术含量。因此,没有经验的新人也完全可以胜任。

这种观点显然不太正确。一方面,招聘职位本身的职责远不止于此;另一方面,要想做好招聘工作,真正招到符合企业、符合职位需要的人才并不是一件容易的事。

一名成功的招聘专员,需要去了解企业的文化和价值观、了解企业的组织构架和部门职责。作为招聘专员,需要懂得如何从职位说明书、从该职位的上下级、从对该职位的现职或原职人员的访谈中获取该职位的关键信息。显然,这样的工作不是一个职业新手能够做到的,这需要从业者具备相应的技能和对企业的足够了解,只有这样,方能胜任此项工作,从而确保得到的信息是准确的。

### 职位信息收集需要投入时间和精力

要做到真正了解职位,需要投入时间和精力去分析职位,厘清职位在整个业务流程中的位置和作用,以及通过人员访谈找到聘用决策的关键因素等。一般情况下,多数组织会外聘专家,请专业的咨询公司协助内部人力资源工作者进行此类工作,利用专家的专业素养来获得指导。

当然,一个有利的方面是:这样的工作不需要总去进行,因为一旦对某个职位的信息了解充分、形成标准后,它就可能在以后相当长的一段时间发挥作用,而不会经常变化,除非组织结构发生了根本性的改变。一般情况下，只需适时做一些调整。因此，在很多组织中，常常是让一线经理去了解本部门的职位需要，一旦出现空缺职位，首先审视以前的职位说明书是否需要修改，然后将确认后的职位需求提供给人力资源部门，并以此作为标准来寻找合适的人选。

## 了解和收集职位信息的方法

### 观察法

观察法是指通过对员工的正常工作状态进行观察，获取工作信息，并通过对此进行比较、分析、汇总等方式，得出该职位的关键信息。观察法适用于体力工作者和事务性工作者，如搬运员、操作员、文秘等职位。

由于不同观察对象的工作周期和工作突发性有所不同，观察法又分为直接观察法、阶段观察法和工作表演法（见表3-1）。

观察法是用来了解职位信息的一种直接而有效的方法，在使用这种方法时需要注意以下几点：

- 在使用观察法时，应事先准备好观察表格，以便随时进行记录。条件允许的情况下，可以使用摄像机等设备，将员工的工作内容拍摄下来，以便进行分析。
- 被观察的工作行为要具有代表性，否则容易让记录下来的信息以偏概全。譬如我们在观察销售代表拜访客户的行为过程中，记录了该销售代表通过电话帮助同事解决电脑故障的行为。很明显这种行为在销售代表的职位中不具有代表性，可以选择不做记录。

表 3-1 观察法的分类及特点

| 方　法 | 特　点 |
| --- | --- |
| 直接观察法 | □ 观察者直接对该职位员工工作的全过程进行观察而获得该职位的信息。<br>□ 适用于工作周期很短的职位。如保洁员、银行的一线柜员等，他们的工作基本上是以一天为一个周期，观察者可以一整天跟随他们，进行直接的工作观察。 |
| 阶段观察法 | □ 有些职位的部分或全部工作具有较长的周期性，必须分阶段进行观察，以确保完整地观察到该职位员工的所有工作。譬如某公司的行政秘书岗位，其职责之一是在每年年终时筹备企业总结表彰大会。这样，观察者除了日常的直接观察，还必须在年终时再对该职位进行观察。<br>□ 但有时由于时间阶段跨度太长，观察工作无法延续很长时间，此时采用"工作表演法"则会更为合适。 |
| 工作表演法 | □ 比较适合工作周期很长和突发事件较多的工作。如保安工作，除了有正常的工作程序以外，还有很多突发事件需要处理。比如盘问可疑人员，观察者可以让保安人员表演盘问的过程，来对该项工作进行观察。 |

● 尽量不要引起被观察者的注意，至少不能干扰被观察者的工作，否则所记录下来的行为可能会"失真"。

这种方法虽然非常直接，但在实际过程中使用率并不高，主要原因有两个：一是因为这种方法对观察者、时间和设备提出了更多的要求，成本比较高；二是难以对观察到的行为进行定量的统计和分析。

### 问卷调查法

问卷调查法是指事先拟订一套切实可行、内容丰富的问卷，然后组织相关人员进行填写,从而达到了解职位信息的目的。该方法比较适用于脑力工作者、管理工作者或工作中的不确定因素较多的职位工作者,譬如软件设计人员、行政管理人员、咨询师等。

与观察法相比,问卷调查法最大的好处是便于进行定量的统计和分析。不过,问卷的设计会直接关系着问卷调查的成败,所以对问卷一定要进行完备、科学、合理的设计。

**访谈法**

访谈法是指通过与事先确定的相关人员进行面对面的谈话来收集职位信息资料的一种方法。这也是了解职位信息时最常用的一种方法,适合于脑力职位者,如开发人员、设计人员、中高层管理人员等。

### 了解和收集职位信息的途径

**企业的核心文化和价值观**

杰克·韦尔奇有一句话非常发人深省:"什么样的人企业坚决不能用?那就是有业绩、有能力,但不认同你公司文化的人。也就是说,和企业的价值观不同,这样的人坚决不能用,坚决不能在企业待着,更不用说让其进入企业的高层。"

这其实说明,对企业文化的认可是选人的首要条件。不同的企业有不同的文化价值观,因而它选人的标准和用人的标准也完全是不一样的。比如,某著名 IT 企业的文化中非常强调团队的作用,个人英雄主义是不受鼓励的。对一个人而言,不能只是自己优秀,而需要其所在的整个团队较为卓越,他本人在团队中也很出色,才有可能被重用和提拔,至少在奖金上体现了这一点。而另一家 IT 企业则强调个人英雄主义,只要个人的业绩表现突出,那么,相应的提升和奖金就都能体现出来。这就是两种完全不同的企业文化,显然,这两家公司对人的要求会有很大的差异。

因此,在做出任何聘用决策的时候,一定要考虑应聘者的文化价值观同企业文化的吻合程度。如果不太吻合,即使他的能力再强,也只能做出否定的决策。虽然有时候做出拒绝的决定很难,尤其是用人之际,但如果你做出聘用的决策,后果可能会更严重。所以,在收集职位信息时,请再回顾一下企业的文化和价值观对人的要求,将这些信息作为编制行为面试题的一个参考。

## 回顾职位说明书

每个企业都希望雇用到优秀的人才,然而人们在说明工作要求、撰写广告、筛选简历以及面试应聘者时,所采用的标准都是基于不正确的工作说明而建立起来的。传统的工作说明中所要求的技能、经验、学历以及资格会误导使用者,导致无法聘用到真正优秀的人才。因此,在招聘过程中,应当尽可能地不使用这样的标准,而尽可能多地使用"业绩描述"的方法。

如果只有一种选择,你更愿意聘用怎样的人?是拥有全部技能与经验的人,还是能够实现要求的人?

传统的职位说明书与业绩描述之间的差别:

我们以产品经理为例,比较这两种工作说明(见表3-2)。在左边一栏中,描述的是传统的经验与技能,右边一栏列举的是要求实现的成效或实现的方法。

表3-2 产品经理的职位说明书与业绩描述

| 经验与技能 | 实现的成效与实现的方法 |
| --- | --- |
| ☐ 本科学位以及 MBA 学位 | ☐ 评价产品的市场作用并提升团队形象、提高员工的能力 |
| ☐ 五年消费品研究经验 | ☐ 建立强有力的核心团队并研究方案以确定重要的购买需求 |
| ☐ 拥有很强的市场调查能力 | ☐ 在第一个月里准备一份市场研究报告 |
| ☐ 拥有很强的计算机技能和统计技能 | ☐ 改进内部产品管理情况报告并引导员工实行评价方案 |
| ☐ 良好的团队协作能力 | ☐ 将产品投产计划与设计和经营相配合 |

预测某应聘者是否能在上岗后达到预期业绩是面试的目标。确定预期业绩则是准确面试的第一步。如果面试官无法确定应聘者上岗后能做什么，就无法准确地评价该应聘者是否具有很强的胜任能力。

从职位说明书中，我们可以找到或推断标志职位成功的目标，实现目标可能遇到的挑战以及所需要的关键胜任能力：

### 职位目标

每个工作岗位都期望员工实现某种目标。目标就是某种终极结果，它可以对组织产生直接、积极的经济与社会效益。假如你面试的是一位销售经理，你可能会期望这个应聘者实现的销售额是500万，那么这一面试将不同于你期望他有100万销售额时的面试。

你所确定的预期业绩将会影响到你所提出的问题，以及你在应聘者身上想要去寻找的素质。

### 职位挑战

挑战是一个人要想成为一名优秀的员工和实现组织重要目标而必须克服的主要工作障碍，也就是导致员工业绩优秀或业绩一般的那些关键行为事件。

要找到不同岗位所面临的挑战或工作障碍，必须采用行为事件访谈法来对该岗位进行工作分析，在前面的章节中已经介绍了这一方法。

## 关键胜任力

胜任力 (Competence) 与能力 (Ability) 的含义是存在差异的（见表3-3）。

表3-3 胜任力与能力的含义的差异

| | |
|---|---|
| 胜任力 | □ 驱动个体产生优秀工作绩效的各种个体特征的集合<br>□ 反映为可通过不同形式表现出来的个人的知识、技能、个性与内驱力等<br>□ 判断一个人能否胜任某项工作的起点，是决定并区别绩效差异的个体特征<br>□ 说明所期望的某个应聘者在面临挑战性的工作情景中应该怎样表现，取决于管理者为所期望的工作业绩而制定的标准 |
| 能力 | □ 个人所具有的、可以应用到各种情景中的知识、技能、态度以及价值观的综合 |

许多评价者在面试时往往只注重考查应聘者的能力，这会产生一些误导。评价者可能把注意力集中于确定应聘者的能力，而没有充分注意到这些能力是否会产生所希望的工作结果，并且能够使应聘者克服工作障碍。也就是说，许多人往往只注重应聘者具备什么，而没有正确地判断这是否就是实现预期业绩所需要的因素。应聘者可能具有很多种能力，但面试官必须弄清这些能力是否与工作岗位相关，即是否为该工作岗位的胜任力，并且是否是关键的胜任力。

因此，在对不同岗位的应聘者进行面试时，首先要建立各个岗位的胜任力模型，在第二章中，已经详细地介绍了胜任力模型的建立。胜任力模型通常由5~8项关键素质构成，并且是那些与工作绩效密切相关的内容，一般也会同时列举出每个关键素质不同等级的行为指标，并以此作为编制行为面试题的重要依据（见表3-4）。

表3-4 领导能力之"人员管理"的不同等级及行为指标

| 等级 \ 行为指标 | 具体行为指标 |
|---|---|
| Ⅰ级 | □ 认识到机构人员需求，提供本地"板凳实力"。<br>□ 针对本地当前的机构人员需求进行招聘。<br>□ 代表并和团队一起实现以结果为导向的工作。 |
| Ⅱ级 | □ 主动帮助设定自己单位的人力规划战略。<br>□ 针对本地人员需求主动并有效地进行招聘。<br>□ 确立清晰的职责分配，充分代表上级机构并具有责任心。<br>□ 提供用于纠正的反馈，并对个人的问题做出回应以促进他们的发展。 |
| Ⅲ级 | □ 集合全球经营战略及战略性实施方法和HR战略与规划，通过鼓励个人和团队的发展来帮助开发"板凳实力"。<br>□ 大力推进紧迫感和责任心的发展，使人员更加果断并帮助开发"板凳实力"。<br>□ 确立清晰的职责分配，充分代表上级机构并具有责任心，鼓励主动精神并提供建设性的发展反馈。<br>□ 结合短期和长期经营绩效目标，果断地设置人才管理与开发的优先级，提供反馈和"前馈性"发展指导。 |
| Ⅳ级 | □ 为全球"板凳实力"做贡献，集合本地和全球"板凳实力"，预测市场趋势对于当今及未来公司的"板凳人才"、（长期和短期）接替规划、招聘方面的需求。<br>□ 指定当前人才资源库和综合潜力，将这些趋势和前提转变为本地/职能性人才管理目标。<br>□ 结合明确的职责，充分代表上级机构并具有责任心，鼓励主动精神并提供建设性的发展反馈。<br>□ 职能交叉，与他人培养共同的紧迫感和责任意识，将个人发展需要放在团队及公司长短期团队战略与战略性实施方法中考虑。 |

续表

| 行为指标 等级 | 具体行为指标 |
|---|---|
| V级 | □ 有效且具有说服力地与他人就市场、趋势对于当今及未来公司"板凳人才"方面的需求进行交流,并针对未来需求引导他人发展预备人才。<br>□ 利用他人结合全球"板凳实力"需求开发长短期接替和招聘计划。<br>□ 理解并利用他人的动力,鼓励他们采取主动来提前且有效地实现经营结果。<br>□ 为团队和个人的绩效发展提供积极的指导,为个人和团队发展提供保证并创造"空间"。 |

## 举例:关键胜任能力

**胜任力名称**:领导能力之"人员管理"。

**操作定义**:能够通过激发他人的动力并引导他们以积极为公司经营做出贡献的方式开展工作,从而成功地使个人和团队实现高绩效。能够考虑到客户、市场和竞争对手的发展趋势,结合公司的人才需求,通过为将来开发深厚"板凳人才"的方式构建制胜的团队。

## 设计行为面试题目的原则、方法及步骤

### ☞ 设计行为面试题的原则（见图3-1）

**事实至上原则**

在行为面试过程中，真正要评价的是应聘者的实际工作能力，而不是其所具备的外在条件。在面试题目中，大多数会要求应聘人员讲述他具体经历的事件以及他在其中的表现，而不是去想象他会怎么做。

在招聘中，经常有这种体会：内部招聘的决策准确度远高于外部招聘的决策准确度。原因就是，前者的决策依据是基于内部人员的实际工作能力，员工过去的实际工作业绩提供了衡量其实际能力的

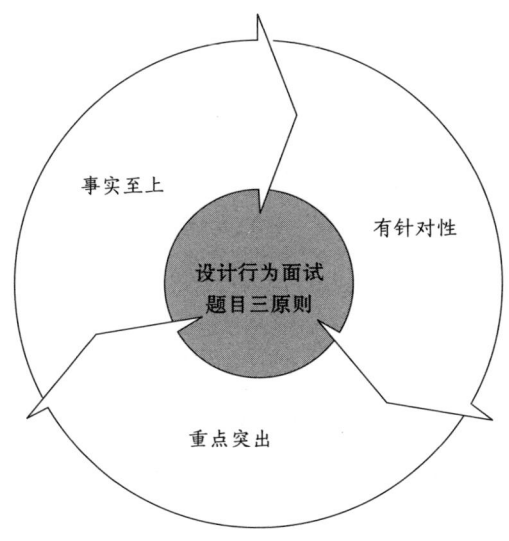

图3-1 设计行为面试题的原则

参照指标。而对外招聘过于看重应聘者的外在条件，很大程度上是基于应聘者的工作经验、技术等级以及教育背景来做出决策的，而这些其实无法代替应聘者需要完成的实际工作。

有人还认为，只要具备了足够的工作经验、技能、学历，再加上性格上的某些特点，就完全可以满足工作所需要的工作能力。这其实是一个错误的逻辑，一位应聘者可以具备上述所有条件，却有可能无法胜任某一项工作。相反，有很多人可以胜任这项工作，但是可能并不具备上述全部条件，尤其是那些工作能力很强的人更是这样。

因此，应该考虑到那些因工作突出而得到升迁的人员或平级调动的人员，是他们运用自己的技能、经验和能力在实际工作中取得了成功，而不仅仅是由于他们具备了某些外在条件。我们需要将注意力从应聘者具备什么外在条件转移到应聘者的实际工作能力上。

在设计行为面试题时，我们应该更多地考虑让应聘者讲述他遇到的某种情景，具体是如何处理的，引导其讲述真实发生而非杜撰出来的故事。在面试过程中，一方面，我们要倾听应聘者的故事内容以判断其实际处理问题的能力；另一方面，还要通过追问的方式来判断该故事的真实性。

### 针对性原则

针对性是编制行为面试题的重要原则。所谓针对性，主要指两个方面。

#### 空缺职位需要关键胜任力的特殊性

比如在商业银行中，岗位存在职务的不同，有正职与副职之分。

对于正职而言，团队建设能力是非常重要的；而对于副职而言，角色定位则显得非常重要（见表3-5）。又比如商业银行的岗位存在专业

表3-5　正职与副职的关键胜任力

| 岗　位 | 正　职 | 副　职 |
| --- | --- | --- |
| 维　度 | 团队建设 | 角色定位 |
| 定　义 | □ 善于赢得团队成员的信赖和支持，调动大家的积极性，引导他人或团队的观念和行动发生变化并跟随的能力。 | □ 对自己承担的副职角色认知清晰，很快适应新的角色要求，在领导群体中能够发挥承上启下和分工负责的关键作用。 |
| 主要行为表现 | □ 认识上领先，提出的思路让人信服。<br>□ 行动上主动积极，是他人效仿的范例。<br>□ 沟通意识强，主动征求、听取他人意见，善于说服大家接受自己的观点。<br>□ 擅长于通过远景传播，将全体企业员工的行动凝结在一种价值观之下。 | □ 善于理解一把手的决定，并能够主动地完善和创造性地贯彻执行。<br>□ 与班子成员观点不一致时，能够很好地解决有主见和服从之间的矛盾，协调出现的冲突。<br>□ 主动承担责任，有较强的贯彻和执行力，善于督办完成好工作任务。维护正职权威，承上启下，积极反馈上级传达的信息，主动汇报工作。<br>□ 发现问题，具备独立思考精神，以恰当的方式向正职提出自己的改进建议。 |
| 行为面试样题 | □ 请讲述当团队成员出现矛盾的时候你是如何处理的？以你曾经管理过的一个团队的真实事例来谈。 | □ 如果你的直接领导的工作经验很丰富，很难听取下属的意见，遇到这种情况该如何处理，请谈一次类似的实际经历。 |

的不同,对于财务总监而言,如何规划企业的资源,并产生最大的回报,即战略谋划显得尤其重要;而对于风险总监而言,如何控制风险,推行积极的风险意识,也就是在风险可控的范围内进行业务发展,则显得比较重要。因此,由于不同的职务、专业和岗位所需要的关键胜任力不一样,编制的行为面试题也应具有明显的不同。并且,在试题编制过程中,要注意选取那些带有岗位特定要求的,具有典型性、经常性、稳定性的内容去设计试题。

**应聘者的特殊性**

设计面试题目之前,我们需要对应聘者的来源情况进行分析,结合岗位的需要,设计出既适合岗位要求又能切实测查出应聘者个体能力素质的试题。如果离开应聘者的来源背景这一实际,题目设计的理论水平虽然很高,却未必能达到真正的选拔目的。

## 举例:应届生招聘

实践行为面试的招聘者往往抱怨:应届生缺乏工作经历,哪有那么多行为可以供挖掘呢?学生生活主要是学习,大家都差不多,哪能看出什么区别啊?

其实不然,如果你去细心挖掘,你会发现,应届生的大学生活中包含了非常多的能够预测其将来工作表现的信息。从经验上来看,我们认为对应届生的评价主要集中在以下五个方面:

● 课程学习中的事件;

● 课题研究中的事件;

- 班级集体活动中的事件；
- 社会实践活动中的事件；
- 家庭、朋友之间的生活事件。

根据我们帮助组织选拔应届生的经验，表3-6列举了行为面试的一些例题，可供大家参考。

很多人忽视从课程学习过程中去挖掘有效的信息。其实，课程学习既然是学生生活的主题，其中必定会反映出很多能够预测其将来工作表现的信息。那些在课程学习上刻苦努力的同学，起码会表现出其成就愿望和追求社会认可的内在动力。在一次面试中，有个同学讲述了他在通过英语四级后紧接着刻苦努力学习又通过了六级的经历。我们可以预想，他在工作中也会积极进取。当然，在大学期间，学生的思想是多元化的。有的同学不一定在学习上表现得有多么优秀，但若在其他方面注意去发展、提升自己的综合能力，同样也可以预示其成就动机的强度。

表3-6 针对应届生的行为面试题举例

| 可能的测评维度 | 题 目 |
| --- | --- |
| 成就动机<br>学习能力 | □ 请谈谈你在大学里学得最好的一门课程，你是如何做的？ |
| 协调能力<br>人际能力 | □ 请讲述你在大学期间所做的最能够提升自己组织才能的一件事？ |
| 合作性 | □ 给予是最大的快乐。请讲述你大学期间所做出的给予他人最多的是哪件事？ |

续表

| 可能的测评维度 | 题 目 |
|---|---|
| 压力承受能力 | □ 请讲述你在学生期间所经历的最有压力的一件事？ |
| 决策力<br>独立性 | □ 学生期间，你独立做出的一个影响你将来生活的决定是什么？ |
| 信息搜寻<br>学习能力 | □ 为完成论文，你所遇到的最大的技术难题是什么？你是如何解决的？ |
| 责任心<br>主动性 | □ 在社会实践中，你主动承担更多工作的一件令人印象深刻的事是什么？ |

**重点突出原则**

行为面试只是面试的一种形式，在本质上，仍属于在短时间内对候选人的抽样测评。要想在有限的时间内达到对候选人实际工作能力的了解是有一定难度的，这使得行为面试题目不可能面面俱到，不可能将组织所关心的所有素质都考查到。只能是根据重点突出的原则，考查重要岗位胜任力的最主要素质。

例如，图3-2是一家企业的管理者胜任力模型。从图3-2可以看出，该企业的管理者胜任力包含六大类二十个维度，如果要对这二十个维度进行全方面的评价，需要花费大量的时间与精力。面对这种情况，通常比较有效的做法是限定评价的维度，重点去评价对岗位来说最关键的胜任力维度。一般来说，行为面试评价的维度不超过八个，因为超过八个就会难于在短时间内进行有效的评价。

另外，短时间内的抽样测评，还会导致行为面试难以精确评价以

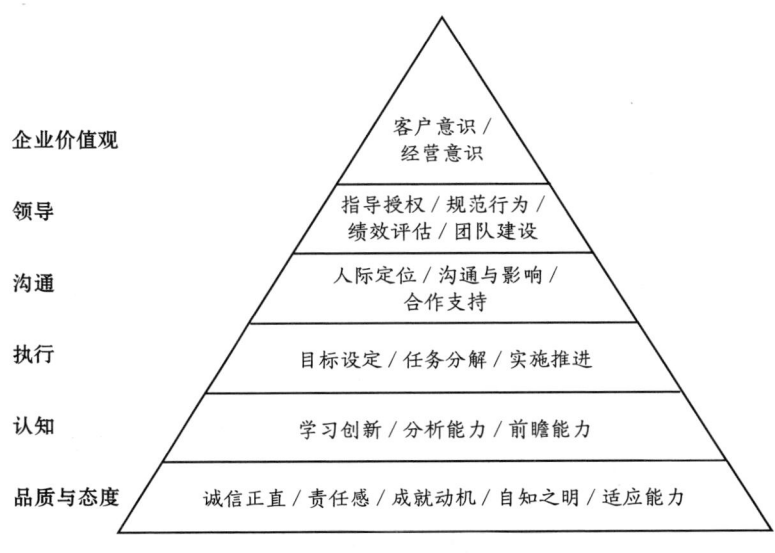

图 3-2 某企业的管理者胜任力模型

下维度：道德、诚信等。绝大多数人只有在实际工作中，尤其是在关键事件过程中才会表现出他在这些方面的特征。因而，只有通过对这些事件的观察才能评价以上维度。实际上，更为合适的评价者来自他周围的人，包括上级、同级、下级以及他的客户等。因此，在这些维度上，360度评估比行为面试的判断会更精确些。

## 设计行为面试题的方法

### 案例收集法

成功而有经验的专业人力资源咨询公司，尤其是专注于人才测评方向的公司，在某一行业进行大量的人才测评工作时，都会要求自己的人才测评师在面试的过程中，用心地去收集应聘者经历的成功或失败的事件，并且试着以这些事件作为素材来设计行为面试题目。通过这样的方式设计出来的面试题具有很高的内容效度，令应聘者有非常强烈的似曾相识的感觉。

例如，下面就是笔者在某次实施人才测评时收集到的两个案例。

## 【案例一】

小李是某银行市场拓展部的客户经理，他给自己安排的工作是上午拜访自己多年来积攒下来的稳定的大客户，下午去开发新的客户，几年来，他一直坚持这样的工作习惯。

一天下午，他来到一个写字楼，从这栋楼的顶层开始，一层一层地进行着"扫楼"的工作。逐个地敲门，习惯性地自我介绍，掏出名片。这样一直进行到十层，敲开眼前这道门，他立刻敏锐地意识到，这可能是一个大客户。通过对这家公司的观察和与该公司保洁人员的交流，他决定对这个公司进行全力以赴的营销。于是他敲开了该公司总经理办公室的大门，与公司总经理进行攀谈。从该公司总经理的话语中，他了解到这家公司的国际业务特别多，而这其中需要的信用证和保函等业务都是他们银行可以提供的服务。于是，他回到银行立即向行长汇报。行长派出了国际结算部的总经理与该公司老总洽谈。此后，小李经常到该公司"报到"，询问公司在资金方面有没有需要他服务的地方。在这种"攻势"下，该公司尝试将公司的一部分业务收入存入小李所在的银行。

小李在接下来的日子里并没有放松对该公司进行公关。他主动向该公司领导介绍自己银行推出的个人理财业务，并给他们提一些理财方面的建议，逐步获得该公司领导的信任。最后，该公司领导终于将自己的储蓄账户开到了小李所在的银行，并采纳了小李的理财建议，取得了较高的收益。

通过案例一，如果再选拔客户经理的话，我们可设计出这样的行为面试题，并考查以下方面（见表3-7）。

表3-7 可用于选拔客户经理的行为面试题目

| 考查维度 | 行为面试题 |
| --- | --- |
| 客户开拓 | □ 请问你如何在一个不太熟悉的环境中去开拓自己的客户，请结合一个类似的经历来谈谈你的主要方法以及最终达成的效果。 |
| 问题解决能力 | □ 请谈谈你最近解决的一个别人看来比较棘手的客户问题，你是如何解决的？为什么在别人看来这个问题比较棘手？ |

【案例二】

小宋是某银行的一名对公业务前台。几年来，这个银行的人员配置一直很紧张，每名员工都要承担很多工作和业务，因此，长期下来，这个银行里的几个优秀的员工就成了"多面手"，一旦有人请假，这些"多面手"们就去替班。但是一般而言，如果需要替班，主任都会提前一天通知，以便他们能够安排好自己的工作，同时兼顾替班的工作。有一天，小宋像平常一样来到银行上班，按计划，她今天要负责对公业务。恰巧这一天交换员岗位上的小王请假了，主任事先没有通知小宋要她替小王的班，而是在上班后临时安排了小宋去完成小王的工作。

交换员的工作责任重大，需要花时间仔细地核对，一旦出现差错将造成很大的影响。而此刻，小宋的柜台前也排了很多对公客户。小宋见状有些不知所措，就对主任说："我今天工作也很多，你看能不能安排别人？"主任当时听了非常气愤，严厉地说："你必须先去替班，其他的不用你管。"小宋听后很委屈，差一点掉下眼泪来，但还是放下手里的工作去替班了。她觉得一定要找个机会跟主任谈谈这件事。

通过案例二，在选拔网点的前台柜员时，可设计出这样的行为面试题考查以下方面（见表3-8）。

表3-8　可用于选拔前台柜员的行为面试题目

| 考查维度 | 行为面试题 |
| --- | --- |
| 团队意识 | ☐ 当你正在负责办理一项重要工作，而其他同事又请求你的帮助时，你会怎么办？是否有过类似的经历，如果有，请描述一下当时的情形及处理过程。 |
| 沟通能力 | ☐ 当上级领导在不了解事情的真实情况下做出一个不利于你的决定，你将如何处理？请描述一下类似的工作经历，谈谈你处理的方式及方法。 |
| 抗压能力 | ☐ 请讲述在最近的工作中，你所遇到的让你有挫折感的一件事，你是如何解决的？简单描述一下当时的情形及处理的过程和结果。 |

## 专家组确定法

参加过宝洁公司应聘的人可能还有印象，如果有幸通过两轮笔试（英文考试和解决问题能力考试），你会被邀请参加第一次面试，面试中的问题一般来自著名的"宝洁八道题"。

- 请你举一个例子，说明你是如何设定一个远大的目标然后实现它的。
- 请你描述一种情形，说明你在一项团队活动中如何采取主动，并且起到领导者的作用，最终获得你所希望的结果。
- 请你描述一种情形，在这种情形中你必须去寻找相关的信息，发现关键的问题，并且自己决定依照一些步骤来获得期望的结果。
- 请你举一个例子，说明你是怎样通过事实来说服别人的。
- 请你举一个例子，说明在完成一项重要任务时，你是怎样和他人进行有效合作的。
- 请你举一个例子，说明你的一个具有创意的建议曾经对一项计划的成功起到了重要的作用。
- 请你举一个例子，说明你是怎样对你所处的环境进行评估并找到重点，以便获得你所期望的结果的。
- 请你举一个例子，说明你是怎样学习一项技能并且将它用于实际工作中的。

这八道题就是由宝洁公司组织一些高级人力资源专家共同设计出来的，主要考查应聘者的领导能力、创新能力、问题解决能力和团队精神等。在面试中，要求应聘者能够如实回答。面试官在其回答问题时可以通过追问的方式适时打断,以要求他具体谈谈其中的细节,确保他所说的内容是真实的,从而避免应聘者过分夸张或虚构内容。

## 设计行为面试题的步骤

设计行为面试题目一般分为以下六步(见图3-3):

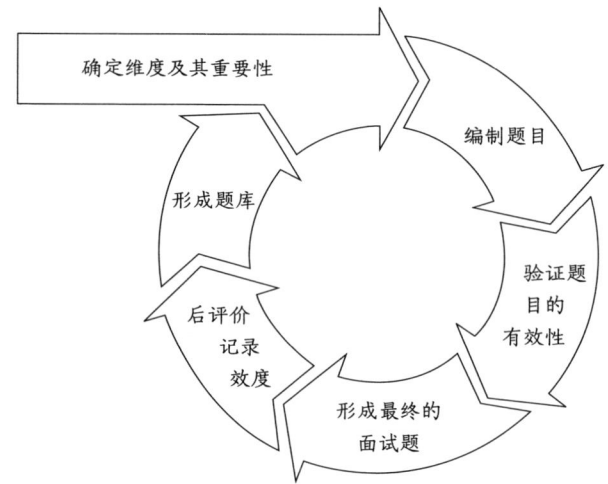

图3-3 设计行为面试题的步聚

**确定维度及其重要性**

评价的维度是根据胜任力模型来确定的。例如,下面是一家日化企业在选拔全国的区域经理时确定的七个评价维度,各个维度的重要性是用权重百分比来表示的,如表3-9。

表 3-9　某日化企业选拔区域经理的评价维度及权重

| 维度 | 学习能力 | 市场开拓 | 组织协调 | 沟通表达 | 团队合作 | 执行力 | 进取心 |
|---|---|---|---|---|---|---|---|
| 权重 | 15% | 15% | 15% | 10% | 10% | 20% | 15% |

这种按百分比来体现重要性的方法,对我们建立胜任力模型提出了更高的要求,因为对各个维度所占权重的说明是比较细分的工作,这有较大的难度。针对这种情况,我们常见的有另外一种确定重要性的方法——分级,基本格式如表3-10。

表 3-10　评价维度的分级表

| 评价维度 | 重要性等级 | | |
|---|---|---|---|
| | 1 | 2 | 3 |
| 学习能力 | | * | |
| 进取心 | | * | |
| 组织协调 | | * | |
| 沟通表达 | * | | |
| 执行力 | | | * |
| 团队合作 | * | | |
| 市场开拓 | | * | |

注:等级数越大,表明该维度在胜任力模型中的重要性越高。

**编制题目**

设计行为面试题的方法在前面已讲述过了,但在编制行为面试题时,要特别关注胜任力模型中各维度的评价标准及其行为指标,因为只有这样才能有助于面试者在实施面试时能够清晰、容易地去进行评价。从下面行为面试的具体案例中可以看到这一点。

面试维度：团队合作。

面试题目：请告诉我一件你最近在工作中与其他人共同解决问题的事件。

行为面试要点：这件事发生在什么情况下？与你一起工作的是什么人（进一步了解其合作的动机）？你当时承担什么样的职责？你们采取了什么方式来工作？在这一过程中，你们对问题的看法有没有不同（深层次的了解）？任务完成后，你的合作者如何评价你？

评价标准：假设团队合作这一胜任力共有四级，表3-11列出了 I 和 IV 的行为表现指标。

表 3-11 "团队合作"维度的评价等级及行为指标

| 等级<br>行为标准 | I | II | III | IV |
|---|---|---|---|---|
| 团队合作 | ☐ 不与团队成员沟通，完全按照个人设想工作。<br>☐ 虽然告知团队成员自己的设想，但不响应对方提出的建议或要求。<br>☐ 固执己见，很难主动改变自己的想法。<br>☐ 不关心团队目标，较少参与团队活动。 | | | ☐ 积极寻求并尊重他人的观点，促进群体的合作气氛。<br>☐ 在承认群体成员因观点不同而存在分歧的基础上，通过有效的方法解决分歧，从而较好地完成任务。<br>☐ 当群体中成员的观点不一致时，能够理解彼此的思想，求同存异。<br>☐ 调动群体中所有成员的积极性和参与度，提高群体的凝聚力。<br>☐ 设法解决群体成员的困难，使其愿意留在群体中。 |

应聘者陈述:"今年十月份的时候,我和一个同事在编写一个应用软件时产生了一些分歧。具体地说,是在一个算法的实现应该怎么做的问题上产生了分歧。当时时间特别紧,大概还剩十天的时间就要给出结果,但是就因为那个问题,我们吵了三天。我想既然是合作,肯定会有意见不一致的时候,而且争论也是有必要的,争论的结果是可以找到最好的办法。后来,我们去图书馆查了很多资料,也请教了很多人,最后达成了一个较为完美的解决方案。"

结合实例,参照该胜任力评价标准可以得出:该应聘人员是符合上述对团队合作第四级的解释的。作为面试评价者,我们可以基本判定,该应聘人员具备较强的团队合作精神这一素质。

### 验证题目的有效性

行为面试题编制出来以后,在真正开始使用前,还需要对其有效性进行检验。检验方法是进行预试,即寻找一些被试,最好是那些与真正的应聘者有可比性的对象,对他们进行模拟面试,从而考查该面试题目的有效性。这是非常必要但经常会被忽视的一个环节,因为这样会导致费用成本和时间成本的增加。而且,要找到与真正的应聘者同质的人群也不是一件容易的事情。

有些长期从事人才测评的咨询公司也在尝试从技术上来解决这一问题。目前比较有效的一种方法是,将预试过程融入行为面试过程中,即在通过经验总结出大量有效的行为面试题的基础上,每次在一套成型的行为面试题中加入一些新的行为面试题,通过与已被证明有效的行为面试题相比较，收集新题相应的有效性数据，从而为下一次编制行为面试题打下基础。

但是，预试仍然是一个重要的环节，如果能够保证该环节的落实，将会对行为面试题的有效性起到重要的保障作用。

**形成最终的面试题**

通过预试，如果发现我们编制的行为面试题有偏差，则需要进行相应的修订，直至符合要求，从而最终确定一套行为面试题。

**进行后评价，记录效度**

即使通过预试被证明有效的行为面试题，在真正使用时也有可能会出现不太有效的情况，其有效性还需要在使用过程中检验。因此，对已经成型的行为面试题，我们在使用之后还需要进行后评价，记录并检验其效度。

**形成行为面试题库**

在进行行为面试的时候，如果几个应聘者均来自相同的单位或公司，而又在不同的时间段参加行为面试的话，就容易出现面试题泄密的情况。比如，笔者在西南某城市为一家商业银行招聘应届毕业生的时候，就出现了类似的情况：上午刚使用完的题目，晚上就出现在当地许多高校的论坛上，大家都在热烈讨论如何回答这些问题会得高分。

一般情况下，每半天需要换一套行为面试题，如果应聘者的数量比较大，就必须准备多套。

这样，如何保证每套题之间的同质性就显得非常重要，否则对一些应聘者就不太公平。这时候，行为面试题库的重要性就显现出来了。通过统计分析的手段对每道题的信度、效度、难度等方面进行相应的统计分析和记录，形成行为面试题库。

## 判断行为面试题优劣的标准

判断面试题的好坏需要从两个方面进行考虑：第一，对一道面试题而言，可以从面试题的新颖性、来源以及与职位的吻合程度来判断；第二，对一套完整的面试题而言，则需要从题量、题型、整套题目的结构来分析。

### 单一面试题

#### 面试题的来源

面试题的来源是指编制行为面试题时，参考的主要材料是什么。经验证明，如果编制行为面试题的参考材料源于该职位日常发生的一些典型事件，这样的行为面试题就会具有很高的表面效度，容易让应聘者产生似曾相识的感觉，让他比较容易找到对应的发生在自己身上的行为事件。同时，通过他描述的行为事件中其对问题的处理方法、结果以及角色，也能够比较准确地预测他在未来从事该职位时做出业绩的可能性。

因此，在编制行为面试题前，经常要做的一件事情就是：翻阅建立该职位胜任力模型前所进行的行为事件访谈记录。同时，还要阅读关于该职位的职责等材料，从中找出一些有助于编制行为面试题的素材。

**面试题的针对性**

在笔者主持行为面试的时候,曾经遇到过这样的情况:一套行为面试题涉及十个行为事件,但应聘者对其中多个问题的回答都是"以前从来都没有遇到过"。如果出现这种现象,可能有两种情况:一是说明应聘者缺乏从事该职位的相关经验和背景,资格审查出现了问题;另一种情况则可能是行为面试题的针对性不强。

在考虑行为面试题的针对性时,需要考虑到特定的人群和特定的职位。例如,同样是考查应聘者的上进心,有这样的题目:

*有句话说,"机会只留给有准备的人",请你结合自己的成长经历,谈谈你的体会。*

实践证明,对于那些职位越高的人,或者社会阅历越丰富的人,越容易考查出他在这方面的素质特点。而对初出茅庐的大学生,这个题目则被证明是一个不太成功的行为面试题。

同样是针对应届毕业生,下面的行为面试题更适用于本科毕业生,而不太适用于研究生。

*我们都知道,大学生活与高中生活有着质的差别,请问你在快速适应大学生活上有哪些经验?请举一些具体的事例来说明。*

## 整套面试题

在编制行为面试题的时候，常常有这样的感受：若干个经过严格检验被证明行之有效的单一面试题，当把它们组合在一起形成一套完整的面试题时，却发现这并不是一套理想的面试题。主要原因就在于，这样随机组合未能充分考虑整套题目的题量、题型以及题目结构。显然，这达不到好的效果。

### 面试题的题量

一般情况下，结构化行为面试的时间长度大致是 40～60 分钟，除去主持人的开场白和应聘者的自我介绍外，真正留给面试过程的时间为 30～50 分钟。在这期间，需要考查 6～7 个维度，即每个维度约 4～7 分钟的时间。依据每道题 3 分钟计算，每个维度可能问到两个问题。

我们在编制行为面试题的时候，一般会为每个维度按照"2+1"的方式来准备行为面试题，即两个必选题和一个备选题。其中，备选题的目的是为防止"主持人认为前两个问题并没能很好地考查出应聘者相应的素质方面或者其工作经历中没有类似的经历"。因此，建议每套行为面试题大致包含 12～15 个小题。题目太少，显得单薄，可能无法挖掘应聘者更多的信息。而如果题目太多，则可能导致对每个问题都只能点到为止，无法深入地进行追问；或者对某些应聘者，由于时间紧张而放弃了一些问题，因而导致结构化程度不高，对某些应聘者显得不够公平。

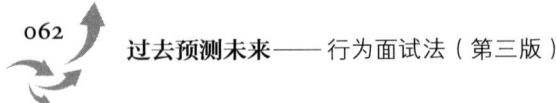

**面试题的题型**

行为面试的核心思想是:"过去的行为能很好地预测未来的行为"。如果用通俗的语言来解释,可以这样描述:

- 如果一个人在过去经历过的四个岗位上都很成功的话,那么他在未来第五个岗位上成功的概率会非常大,反之亦然;
- 如果一个人在过去经历中处理同样的事情都很成功,那么他在未来的工作中遇到同样的问题,他成功处理的概率会非常大,反之亦然;
- 如果一个人能通过总结过去失败的经历、学习新知识不断地提升自己,那么他在未来遇到挫折时也能通过学习和总结来渡过难关,反之亦然。

因此,所有的问题都是围绕应聘者过去经历中的一些真实发生的事例而展开。从本质上来说,行为面试的题型只有一种,即关键行为事件类的题目。但为了让整个面试能够有效考查应聘者的综合素质,还需要结合一些其他题目类型共同使用。

从形式上来看,面试题可以分为以下几类:案例题、情景题、行为题。

★案例题

事先提供给应聘者一个或多个案例,案例的内容应与职位的具体工作有着直接的联系。请应聘者针对案例所反映出来的问题,分析原因并提交他本人的解决方案,从而判断某种特定的素质或能力。一般情况下，这种题型适于考查候选人的业务能力。如下面的案例题用于考查某商业银行省分行稽核部总经理的业务能力。

指导语：

请用5分钟时间阅读下面的稽核案例，针对案例当中出现的问题，分析原因，并准备向相关组织提供一套系统的、可行的建议。准备好之后，以口头汇报的形式向评价者陈述你的观点。

★情景题

情景面试题与行为面试题属于两种不同的题目样式，在以往的使用中都是独立分开的，较少有人将它们结合起来使用。但笔者在长期的实践中发现，虽然情景面试题有其局限性，但如果能与行为面试题结合起来使用，则既可发挥其自身具有的优点，又能丰富行为面试的题型。

情景题型一般是事先提供一个假设的情景，让候选人讲述在假设的情景中他将如何做，从而判断他的相关素质。下面的这道情景面试题考查了候选人的团队建设能力。

"假如你负责的团队有两个员工相继跳槽，其他员工也因此工作不稳定，你会如何处理此事？"

★行为题

行为题是面试题中样式最简单，但同时也是最通用的一种题型。即让应聘者讲一个关于某个方面的具体事例，面试者通过"STAR"模式的追问技术（本书第五章将专门介绍这种技术），充分了解应聘者所讲述事件的时间、地点、事情的背景、处理过程、结果以及他本人在其中所承担的角色等信息，从而判断他在某方面的素质水平。例如，下面的行为面试题考查了候选人的角色认知能力。

"请讲述最能体现你善于配合正职开展工作的一个具体事例。"

从行为类型上来讲，行为面试题又可以分为现场型和过去经历型。

★现场型

顾名思义，即兴发挥类的面试题就是让应聘者在面试现场根据要求做一些事情，从中考查他在某方面的能力，譬如在考查应聘者的沟通能力时，我们会让其进行角色扮演。样例如下：

指导语：

请用5分钟时间阅读下面的角色扮演卡，想象你就是故事情景中的主人公，一会儿你需要按照情景中的描述与沟通对象面谈，面谈时你扮演的是一个大型啤酒集团公司某区域营销中心总经理的角色。

面谈时间15分钟，请你做好准备！

【角色扮演卡】

你是一个大型啤酒集团公司某区域营销中心总经理，刚上任两个月。经过一段时间的了解，你发现该营销中心的销售队伍让人担忧，一是人手紧张，人员流动率很大，凝聚力不强；二是人员素质偏低，有许多是集团公司选拔中别的部门不要的人，只有一两个团队主管的素质还不错。最优秀的是三年前从总经理办公室秘书调任营销部门的刘主管，你对他抱有很大的希望，希望通过他来实施你的营销思想和工作思路，使该区域的营销工作全面改观。

因此，你约了刘主管到你的办公室，你准备跟他深谈一次，他5分钟后将准时到你的办公室。

★过去经历型

过去经历类的题型也是行为面试题中最常见、最常用的题型，即让候选人讲述他在过去经历中的一个具体的事例，从而了解他在该事例中体现出的一些素质特点。比如：

"请你回忆一下，在过去的工作经历当中，你曾遇到的让你感觉最难受的一件事情是什么？"请你简单描述一下。追问：当时具体的事件情景是什么样？这件事情最让你难受的地方在哪里？当时的感受如何？你当时采取了什么样的行动或措施？结果如何？如果让你现在面对同样的情况，你会怎么做？

从内容上讲，行为面试题又分为成功事件题、失败事件题和中性题。

★成功事件题

成功事件题是指让应聘者讲述一个在他的工作经历中，他所处理过的比较成功的一件事情。例如：

"在你的工作经历当中，你曾经做过的超出他人对你的要求和期望的一件事情是什么？请简单描述一下当时的情形。"

★失败事件题

失败事件题是指让应聘者讲述在他的工作经历中，他所处理过的比较失败的一件事情。例如：

"每个人的工作经历中都或多或少出现过一些失误，请描述一次这方面的经历，以及这件事情对你的影响是什么？"

★中性题

中性题型是指让应聘者讲述一件亲身经历的事情，该事情可以是成功的案例，也可以是失败的案例，并没有明确的限制。比如：

"在协调多个人开展一项工作的事情当中，哪件事情给你的印象最深刻，为什么？请简单描述一下当时的情形。"

### 面试题的结构

根据上面的介绍,我们可以将所有的行为面试题的题型归结如下(见表3-12)。

表 3-12 行为面试题的题型

| 内容 | 行为类型 |
| --- | --- |
| 成功事件题<br>失败事件题<br>中性题 | 现场型<br>过去经历型 |

在编制一套行为面试题时,为了让应聘者能尽快适应面试的环境及气氛,一般还会设计这样一道题,让其花几分钟时间简单地介绍一下自己,讲讲自己过去成功的一件事情。基本格式如下:

1. 请按时间顺序,用3分钟左右的时间做一下自我介绍,谈谈你个人的工作和学习经历。
2. 总结一下你所取得过的一些令自己比较满意的业绩。
3. 你离开目前工作单位的主要原因是什么?或者谈谈你应聘本岗位的一些想法?

但除了这道一般通用的题目之外,针对不同的题型,在编制一套行为面试题时需要考虑各种题型各占多大的权重才会更合理。结合笔者的实践经验,表3-13总结了较为合理有效的成套面试题的题目构成,供读者参考。

表3-13　成套行为面试题的构成

| 内容 | 比例 | 行为类型 | 比例 |
|---|---|---|---|
| 成功事件题 | 1/3 | 现场型 | 1-2道 |
| 失败事件题 | 1/3 | 过去经历型 | 绝大多数 |
| 中性题 | 1/3 | | |

# 第四章

# 经典行为面试题目

> 今吾于人也，听其言而观其行。
>
> ——孔子

在前面的章节中，我们介绍了行为面试的基本原理、胜任力模型的开发以及行为面试题的设计方法。在本章中，我们将对一些胜任力及相关的考查题目给出相应的说明和介绍，这也是多年来笔者进行行为面试实践的研究和经验的总结。

本书将胜任力分为六个类别，分别是：动力系统、个人品行、个性特征、认知能力、人际能力和领导管理能力。其中，动力系统、个人品行和个性特征属于态度类别（A），认知能力属于脑力类别（M），人际能力属于与人打交道的技能（P）类别。领导管理能力中既有人际类，又有脑力类，前者更多一些。

## 动力系统

在本部分将介绍十个最常用的胜任力（见表4-1）及相应的面试题目。

表4-1 动力系统的十个常用胜任力

| 成就导向 | 坚韧性或坚持 | 主动性 | 激情 | 责任心 |
|---|---|---|---|---|
| 组织承诺 | 学习动力 | 追求卓越 | 行动导向 | 个人发展和成长 |

☞ **成就导向**

**定义**

**成就导向**（achievement orientation）是指对取得工作上的成功或自我的发展有强烈的要求，勇于挑战难题，为追求高于一般标准的业绩而采取行动。

## 行为指标

- 渴望把事情做得完美。
- 关注结果,在改善业绩的同时也注重效率的提升。
- 为自己设立有挑战性却又能够实现的目标。
- 有决心去完成一项有难度的任务,在困难面前不放弃。
- 为达成目标而尝试使用不同的方式。
- 在成功、失败和冲突中检点自身的问题,承认失误,寻求改进。
- 主动出击,不等待上级的安排。

## 行为面试题目

- 请介绍一个你主动为自己设立的具有挑战性的目标,你是如何实现这个目标的?
- 请谈谈你认为最成功的一段工作经历,当时的情况是怎样的?你都做了哪些工作?
- 请讲一个你在工作中追求完美的例子。
- 请讲述你过去三年来为自己设立的最重要的目标是什么,又是如何实现的?
- 请给我讲一个你没能实现的目标,为什么没能实现?
- 请讲述一个你为了实现目标而付出巨大努力或牺牲的例子。
- 请讲述一个你在工作中不满足于现状,力求把工作做得更好的例子。
- 你在工作中有没有遇到这样的情况:当使用传统的工作方法无法完成工作任务时,你引进了新技术来成功完成任务。请具体谈谈当时的情况。

## 🖙 坚韧性或坚持

### 定义

**坚韧性**（tenacity）**或坚持**（perseverance）指在行动中坚定不移，即使遇到重重困难，还能够努力不懈并达到既定目标的一种心理品性。

### 行为指标

- 面对挫折时能够保持情绪的稳定。
- 遇到挑战或在巨大的压力下能够坚持工作。
- 能够积极寻找有效的方法解决困难、缓解压力。
- 在遇到阻力时，达成目标的信念不动摇。
- 能够克服身体或心理上的疲劳状态，抗击打力强。

### 行为面试题目

- 持之以恒、坚持不懈是成功所必需的宝贵品质，请讲一个你在工作中坚持了很久的习惯，这个习惯是如何帮助你获得成功的？在这个过程中，你遇到过哪些困难？
- 请描述一次这样的经历：当你在做一个项目时遇到了巨大的挑战或困难，你是怎样设法去克服困难并完成项目的？
- 请讲一个别人都放弃了，而你却坚持完成的工作任务。

- 请谈谈你做过的最有挑战的项目或工作，你是如何克服各种阻碍的？
- 你有过这样的经历吗？你的意见不能被上级或同事所接受，你努力说服了他们。请讲述一个实际的例子。
- 请讲一个你中途放弃的项目或工作，为什么会放弃？
- 请描述一次你很努力地去做一项工作、但没有成功的经历。

## ☞ 主动性

### 定义

**主动性（initiative）**是指在没有被要求的情况下，发现需求并自发地采取行动以实现工作目标。

### 行为指标

- 不需要他人提出要求，能够意识到并根据当前的情形行事。
- 在事情发生前就有所准备，并能准确把握机会。
- 能够主动承担更多的工作和责任。
- 积极寻求外部的支持，以了解他人的想法。
- 能够独立行动，改变事情的发展方向。
- 为完成目标而迅速采取一些措施，使得结果远远超过了预期。
- 为了寻找新的机会，会努力拓展工作内涵，获取新技能、新经验。
- 能贡献自己的建设性意见。

### 行为面试题目

- 请描述一个你曾经做过的份外工作的经历,你为什么要承担这些工作?
- 你认为你所在的单位有哪些规章制度或流程需要改变?你为此做了什么?
- 为了做好你份外的工作,你是如何获得他人的支持和帮助的?
- 请描述一次你主动改变,从而使你的工作变得更有效率或更轻松的经历。
- 请描述一个由你发起的项目或工作。你为什么认为有必要这样做?实施的结果是怎样的?
- 请讲一个你在信息不充分、缺乏指导的情况下完成的项目或任务。
- 请举一个由于你的努力而使一个项目或想法得以成功实施的例子。
- 作为部门的领导,在过去,你是如何促进部门绩效改进的?你都做了些什么?
- 你是否做过一些超出工作要求范围的工作?请举例说明。
- 请你给出一个在最近的工作中展现主动性的例子,可以是所做工作要求内的,也可以是你改变或改进的某些东西。

### ☞ 激情

### 定义

**激情**(passion)是指无论遇到何种挫折与失败,始终热爱所从事的工作,愿意为之付出努力。

## 行为指标

- 对组织的前景和自身发展有所了解，对未来有憧憬。
- 持有积极的、进取的态度。
- 对从事的工作充满热爱，愿意付出更多的努力。
- 不能光说不做，要行动迅速、有步骤、有条理、有系统性。
- 面对各种挫折与失败仍然能够保持积极的工作态度。
- 不仅自己工作充满热情，而且能够激发团队的热情。

## 行为面试题目

- 美国通用食品公司总裁弗朗克说："你可以买到一个人的时间，也可以买到一个人到指定的工作岗位，还可以买到按时计算的技术操作，但你买不到热情，而你又不得不去争取这些。"请结合你的工作经历谈谈对这句话的理解。
- 比尔·盖茨有句名言："每天早晨醒来，一想到所从事的工作和所开发的技术将会给人类生活带来巨大影响和变化，我就会无比兴奋和激动。"请结合你的工作经历谈谈对这句话的理解。
- 当初入职场的新鲜感逐渐消失，一切归于平淡时，你是如何保持对工作的激情的？
- 请举一个实际的例子，谈谈你是如何影响你的团队，让他们跟你一样在工作中充满激情的？
- 请回忆一下在你的工作经历当中最能体现你的激情的时期，当时你都做了什么？

- 在工作中我们都会遇到各种各样的困难与挫折,请问你有没有过这样的经历:由于你对所做的项目或工作充满了热爱与激情,从而帮助你克服了困难与挫折,最终获得成功。
- 回想一次愉快的工作经历,这次经历让你感到很兴奋、精力充沛。请谈谈当时的情况,并告诉我为什么它会让你感到满意。

## 责任心

### 定义

责任心(conscientiousness)是指在工作中能够主动采取行动,勇于承担工作职责,积极为组织发展做贡献的一种个性品质。

### 行为指标

- 对工作保持一种积极负责的态度,值得信赖。
- 为了成功完成工作而保持高度的热情。
- 做事深思熟虑、精准、系统、高效、坚韧、勤奋、有条理。
- 在工作中追求卓越,能够为工作付出额外的努力。
- 组织意识强,认同和支持组织的目标,遵守规定和程序。

### 行为面试题目

- 请举一个你主动承担非自己职责范围内的工作的例子。
- 当客户要求你提供职责之外的服务时,你是如何做的?请举例说明。

- 在你的日常工作中，有没有为了更好地完成任务而付出了很多额外的努力的经历？请详细描述。
- 你所在单位的目标是什么？你是如何理解的？为了达成这个目标你做过哪些努力？
- 工作中难免会有挫折，遇到困难时，你是怎么做的？请举一个具体的事例。
- 请讲述一次你主动帮助一位业务上不太熟悉的员工提升能力的经历。

## 组织承诺

### 定义

**组织承诺**（organizational commitment）是指使个人的行为与组织的价值观、原则和目标保持一致。

### 行为指标

- 愿意帮助他人完成任务。
- 能够根据组织的要求调整自己的活动。
- 具有合作精神，以便更好地达成组织目标。
- 关注组织的长期发展。
- 为符合组织的要求而放弃个人或专业上的利益。

### 行为面试题目

- 你所在组织的价值观或目标是什么,你对此有什么看法,你是如何调整自己以帮助组织实现目标的?
- 请描述这样一次经历:当你出于对组织有益的考虑做了不受欢迎的决定时,你是如何做的?
- 当你发现了有悖于组织目标或价值观的行为时,你是怎么做的?请举例说明。
- 请描述一次你主动参与一个不受欢迎但是对于组织长期发展很有利的项目的经历。
- 当个人或专业上的利益与组织的目标发生冲突时,你会怎么处理?请举一个例子。
- 你是如何为组织的发展献计献策的?请举一个例子。

## 学习动力

### 定义

**学习动力**(need to learn)是指促使个人去学习以达到成长目的的内在动力。

### 行为指标

- 相信学习的作用,愿意为之付出时间和精力。
- 好奇心强,有探索精神。

- 有明确的学习方向，能够通过个人不断的努力把新知识组合到自己的认知结构中。
- 能够运用恰当的学习方法。
- 在遇到困难和挫折时仍能保持学习的热情。

**行为面试题目**

- 孔子有一句名言："知之者不如好之者，好之者不如乐之者。"请结合自己的经历谈谈你是如何理解这句话的。
- 请谈一次在你的工作当中需要掌握新知识的经历，你是如何做的？
- 你最近学习了哪些新知识？为什么要学习这些知识？如何学的？有什么收获？如何应用到工作中的？
- 你在学习过程中遇到过的最大的困难是什么？如何解决的？
- 与别人相比，你有什么特殊的学习方法吗？请举例说明这种方法对你的帮助。
- 请讲述一次你努力学习专业知识，从而帮助团队提高工作效率的经历。

## 追求卓越

**定义**

**追求卓越**（Devotion for excellence）是指对个人的能力和工作表现有高于一般标准的要求，能够持续关注工作表现是否令人满意，并不断学习、改善，力求全面地提升。

### 行为指标

- 不断追求更高的绩效，为自己设定的目标往往高于他人的要求。
- 充分利用组织中的各种资源，不断获得工作所需要的知识与技能。
- 为了实现目标，既能与他人竞争，也能与他人合作。
- 为了能够实现目标而承担额外的工作与责任。
- 当失败时，能够尝试不同的方式或行为来达到目标。

### 行为面试题目

- 请谈谈你在工作中不甘平淡、追求卓越的一个实际事例。
- 为达到卓越的绩效，需要你付出巨大的努力，请讲一次你在这方面印象最深刻的经历。
- 请讲述你通过不厌其烦地持续改进某个工作流程的细节，以求得最优工作质量的实际经历。
- 请讲述在领导对你负责的某项工作已经非常满意的情况下，你仍然给自己提出更高标准的实际例子。
- 请回忆一次你所承担的工作遇到困难，领导决定放弃的情况下，你仍能努力尝试新方法的经历。
- 当你的业绩表现已经达到优秀时，你是如何超越自我，实现更大的成绩的？请举例说明。

## 👉 行动导向

### 定义

**行动导向**（action orientation）是指在工作中表现出很强的主动性和行动力，乐于接受变化，能够设立长期的发展目标并努力付诸实践。

### 行为指标

- 强调行动的重要性。
- 设立有挑战性的目标，工作绩效优于所期望的。
- 能够在别人之前看到需要改变的地方，并愿意承担风险来开始变革的历程。
- 在行动前能够全面考虑问题的各个方面。
- 能够抓住机会，使工作做得更好，个人和专业都能有所发展。
- 为实现目标会付出巨大的努力。

### 行为面试题目

- 请描述一个你做过的很有挑战性的工作。
- 为了实现你为自己设立的目标，你都会做哪些工作？请举例说明。
- 当你发现工作中需要改变时，你会怎么做？有没有这样的例子？为什么你会这样做？
- 有些人在工作中总是拖拖拉拉而耽误了宝贵的时间，当你遇到这样的情况时会怎样做？请举一个实例说明。

- 有时候会出现这样的情况：尽管当时你已经很忙了，但还有一项更重要的工作需要你来做。那你会怎么做从而使每件事都能顺利完成？请举例说明。
- 请讲一次你去完成一项你并不喜欢的项目或任务的经历。

## 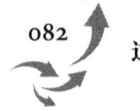 个人发展和成长

### 定义

**个人发展和成长**（personal growth and development）是指在适当的时候进行自我评价，了解自己的不足，并能够设定目标，主动地改善和发展自己。

### 行为指标

- 清楚地了解自己的优缺点和有待加强的地方。
- 强调个人的持续成长与发展。
- 在遇到困难时，能够积极地向外界寻求帮助。
- 愿意接受别人的反馈意见，并能在日常的工作中注意改正，提升工作绩效。
- 善于从挫折失败中吸取教训。

### 行为面试题目

- 请以一个实例说明你的一个不足怎样影响了你的工作结果。

- 请举例说明,你是如何完善自己,改进自己的缺点或不足的?
- 在上一次绩效考核时,你需要改进的方面有哪些?你是如何改进的?
- 在你的工作经历当中,最失败的经历是什么?你从中学到了什么?你又是怎样把这个经验应用到工作中的?
- 团队中的每个人都有自己的优缺点,请讲一次你发挥自己的特长帮助团队完成目标的经历。
- 请讲述一次暴露了你的很多缺点的工作经历。为什么会暴露这些不足?你学到了什么?又是如何提高的?

# 个人品行

在本部分将介绍六个最常用的胜任力(见表4-2)及相应的面试题目。

表4-2 个人品行的六个常用胜任力

| 大局观 | 正直 | 公平 |
| --- | --- | --- |
| 诚信 | 遵守规则 | 自律 |

### ☞ 大局观

### 定义

**大局观**(overall situation awareness)是指从全局的角度看待问题,并能基于整体的利益和目标做出决策。

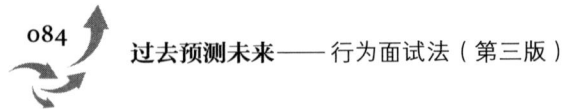

### 行为指标

- 从全局的角度出发分析问题。
- 不计较一时一事的得失,深谋远虑,眼光长远。
- 必要时牺牲个人或局部利益。
- 用联系的观点观察局势、发现规律。
- 在纷繁的全局中,理出思路,抓住重点。

### 行为面试题目

- 请讲述一次为了大局利益,你接受了一项你并不擅长的艰苦的工作任务的经历。
- 有时候为了确保公司的整体利益,不得不放弃个人或部门的利益,请讲讲你在这方面的经历。
- 请谈一次你能够在纷繁的局面中抓住规律、解决问题的经历。
- 有时人会被一时一事的得失所影响,请回忆一下,你有没有过克服这种影响,用更长远的眼光看问题,从而使工作做得更好的经历。
- "见一叶而知深秋,窥一斑而见全豹",请讲讲你所经历的一个类似的经历。
- 就事论事有时并不能真正解决问题,需要跳出系统之外寻求答案。请讲述你所经历过的类似的一件事。
- "不识庐山真面目,只缘身在此山中",看问题时常常会由于所处位置而不能看到全貌,请谈谈你在这方面的经历。

## ☞ 正直

### 定义

正直（integrity）是指一个人能够做到言行一致，公开、直接地沟通自己的想法、观点和感受。

### 行为指标

- 赢得广泛的支持与信任。
- 能够通过恰当的、有益的方式把事实表达出来。
- 不会为了个人的利益而误导他人或发表不属实的言论。
- 即使不被他人接受，也愿意挺身而出，为正确的事情据理力争。
- 对于工作环境态度坦诚，在不必说或不说对自己更好时，仍能表达自己的想法。
- 行动与自己所相信的价值观一致。
- 展现出很高的道德标准，并深知如果违背了这些标准，对于组织和个人会产生什么样的影响。
- 当遇到阻力或困难时，仍然能够坚持按自己的价值观做事。
- 按价值观做可能会面临损失或冒险的事情。

### 行为面试题目

- 请讲一个你曾经遇到的行事有悖于公司或客户利益的人，你是怎样对待他的？
- 办公室里会存在违反单位规定的现象，请讲讲你遇到的这样的例子,你是如何处理的?
- 请你讲一个这样的经历:别人让你撒谎以便争取一个很重要的客户,你是怎么办的?
- 在工作环境中,个人的价值观会受到巨大的挑战,请讲述一次这方面的经历。
- 请回想你一直坚持的一个价值观受到很大挑战的实际经历。
- 请举一个你的同事做了很不道德的事的例子,你发现后做了什么?

## 👉 公平

### 定义

公平(justice)是指一个人在处理事情时不偏不倚,不偏向任何一方。

### 行为指标

- 按照相同的标准或原则评价、考核下属。
- 公开影响个人利益的决策原则。
- 注重人际间的公平,让员工感到受尊重和关怀。
- 能够进行坦率的讨论。
- 不给予个别人特殊的待遇。
- 对组织内部决策的必要信息进行共享,不刻意隐瞒。

**行为面试题目**

- 每个人都会有自己的喜好，但是对待下属应"一碗水端平"，请你回忆一下，有没有过努力克服喜好，公平对待所有下属的经历？
- 请讲讲你是如何在团队中营造一种坦诚、公开的气氛的？
- 有些下属会比较难缠，你会如何保证自己能够公平地评价这些员工？请举例说明。
- 请讲一个由于某些原因你没能公正地对待你的下属的经历。
- 请谈谈你在绩效考核方面的经历，你是如何确保自己能够公平地评价所有下属的？
- 请回忆一次领导要求你对某位下属给予特别照顾的经历。

☞ 诚信

**定义**

诚信（reliability / accountability）是指诚实守信，具有责任感，能够履行承诺而取得他人的信任。

**行为指标**

- 言行一致，对自己的承诺负责，值得信赖。
- 对他人坦诚、直接、讲真话，保持始终如一。
- 对他人与自己分享的信息能保守秘密。
- 做事公平，承担应承担的责任或工作。

- 当组织面对困难时,能解决问题,而不是去挑错和责备他人。

**行为面试题目**

- 孔子有句名言"民以诚而立",请结合你的经历谈谈对这句话的理解。
- 请讲讲你因为信守诺言而赢得客户或同事信赖的例子。
- 有些诺言实现起来会比较困难,请回忆一下你遇到的最难实现的诺言。
- 孔子说:"人而无信,不知其可也。"请结合你的经历谈谈对这句话的认识。
- 请结合你的亲身经历,谈谈当你所领导的团队在一项重要工作中出现差错时,你是如何处理的?
- 请回忆一次你在工作中与人发生冲突的经历,当时你是如何处理的?

## 遵守规则

### 定义

**遵守规则**(rule complying)是指对规则有清晰、明确的认知,在遇到困难或挑战时也能够照章办事。

### 行为指标

- 对工作中涉及的各种规则有深入的了解。
- 诚实守信,即使面对困难,也不做违反规则的事。

- 自觉按规则办事，并督促他人遵守规则。
- 具有一定的灵活性，在坚持规则的同时，考虑具体情景的特殊要求。
- 不盲从，在必要的时候对规则进行修改或重新制定规则。

**行为面试题目**

- 有人曾说："在好规则面前，懂得自觉捍卫和遵守，生活中才会享受更多的明媚阳光。"请结合你的一次实际经历谈谈对这句话的理解。
- "按规则办事"说起来简单，做起来却有很大的难度，请谈谈你在这方面遇到的最大的困难是什么，当时你是如何处理的？
- 请谈谈你在工作中没有遵守规则的经历，当时的情况是怎样的，你是如何做的？
- 有没有过这样的经历：你的下属或同事为了更好地完成工作，提出了一个有违公司规定的方法，你当时是怎么处理的？
- 请讲一次你在工作中发现现行制度的不合理之处，及时提出，并加以改进的经历。
- 请谈谈你在遵守规则方面遇到阻力、印象最深刻的一件事。

## ☞ 自律

### 定义

自律（self-discipline）是指对不能做的行为进行自我约束和控制的能力。

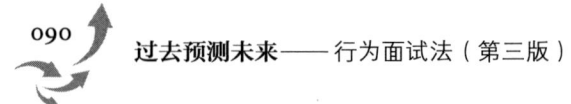

## 行为指标

- 有自己明确的为人处事原则。
- 上述原则遇到挑战时,能够保持头脑冷静。
- 分清短期收益和长期收益,若短期收益和长期收益存在冲实,自觉抵制短期收益的诱惑。
- 看到他人缺乏自制力时,能够勇于提醒和劝阻。
- 当遇到外在诱惑时,能够做到延迟满足。

## 行为面试题目

- 请回想你自己坚持的一个习惯得不到外部环境支持时的经历。
- 他人在场和不在场时,你都能坚持的一个原则是什么?请以一个事例予以说明。
- 克制冲动并非易事,请讲述一个实际的事例,说说你是如何做的?
- 在组织并没有提出某个要求时,你也能够做到的事情是什么?请分享一个实例。
- 你有没有这样的经历:多亏你当时没有按照自己的本性做事,否则事情就会变得很糟糕。请回想一个这样的事例。
- 许多人并不按照规矩办事。你遇到过这种事情吗?你当时做了些什么?

## 个性特征

在本部分将介绍十二个最常用的胜任力（见表 4-3）及相应的面试题目。

表 4-3 个性特征的十二个常用胜任力

| 自我效能感 | 自我监控 | 自我认知 | 独立性 |
| --- | --- | --- | --- |
| 开放性 | 决断力 | 细心 | 适应力 |
| 情绪稳定性 | 积极心态 | 压力管理 | 灵活应变 |

### ☞ 自我效能感

#### 定义

**自我效能感**（self-efficacy）是指一个人对自己能否成功完成达到任务所具有的信念。

#### 行为指标

- 相信自己具有成功完成一项任务的能力。
- 把困难的任务当作有待征服的挑战而非需要回避的威胁。
- 在活动中促进内在的兴趣和深层次的投入。
- 在失败面前能很快恢复自信，并更加努力。
- 将失败归因为不够努力或缺少可以获得的知识及技能。
- 面对负面的反馈会更加地努力。

- 易产生个人成就感，容易消除紧张。

### 行为面试题目

- 请讲一项你最近接受的有挑战的任务，你是怎么做的？
- 现实总是充满了阻碍、逆境、挫折、失败和不公，请回忆一下当你在工作中遇到这样的困境时是如何处理的。
- 如果有一项很困难的工作，你所在团队的成员都不愿承担时，你是否会主动接受这项工作？请举例说明。
- 请讲述一次你的失败经历。你认为是什么原因造成了这样的结果？你是如何重建自信的？
- 在绩效考核中，你是否收到过一些负面的反馈？面对这些信息，你是如何做的？
- 如果你和上级的意见发生了冲突，你会如何处理？请举例说明。

## ☞ 自我监控

### 定义

自我监控（self-monitoring）是指一个人根据外部情境因素而调整自己行为的能力。

### 行为指标

- 对自己的言行是否适当进行评估。
- 对环境很敏感，根据情境的不同而调整自己的行为举止。

- 灵活性好，能够很快适应新环境。
- 试图在公众场合和私人生活中建立不同的形象或性格，并维护着不同的社交圈。
- 行为方式符合社会习俗。

**行为面试题目**

- 请回忆一下，当你置身于一个陌生的环境或不同的文化环境中时，你有什么样的反应？
- 谈谈你是如何尽可能适应新环境的，请举例说明。
- 即兴演讲，尤其是针对一个不太熟悉的题目，是很有挑战性的，请讲一个类似的经历。
- 有没有这样一种情景：当你调到一个新的部门时，发现工作氛围和方式与以前的完全不同，你是如何适应的？
- 当你在销售工作中遇到了一位举止奇怪的顾客时，你会如何做？请举例说明。
- 请谈谈你刚刚被提拔到管理岗位的经历，当时都遇到了哪些困难？你是如何克服的？

## ☞ 自我认知

### 定义

**自我认知**（self-recognition / Self-awareness）是指对自己一切身心状态，包括生理状态、心理状态、个性特点以及自己与他人或组织的关系的认识和评价等。

### 行为指标

- 能够坦诚、真实地评价自己的能力。
- 能够开诚布公地谈论自己的情绪以及情绪对工作的影响。
- 避免执行那些超出自己能力的工作。
- 工作中更愿意承担自己擅长的任务。
- 知道何时、如何获得外部的帮助。

### 行为面试题目

- 你是如何改进自己的不足的?请举例说明。
- 请谈谈你最近一次较深刻的自我反省。
- 你的朋友或领导是如何评价你的?你同意他们的观点吗?有什么事例来支持他们的观点吗?
- 你在工作中是如何做到扬长避短的?请举一个最近的、印象比较深刻的例子。
- 请讲讲最近一次朋友给你的最坦诚的建议。你是如何看待的?
- 有没有遇到过这样的情况:上级交给你一项以前从未接触过的任务。你当时是如何处理的?

## ☞ 独立性

### 定义

独立性（Independence）是指能够摆脱对他人的依赖，独立自主地进行工作，自行解决工作中遇到的各种难题。

### 行为指标

- 不需要他人的指导，能够独立地完成职责范围内的工作。
- 对工作中的问题有自己独立的思考。
- 当与他人的观点不一致时，能够坚持自己的想法。
- 对于职权范围内的问题能够独立进行决策。
- 愿意承担自己所做决策或所采取行动的责任。
- 在解决问题时，能够在恰当的时候引进外部的支持。
- 在与人交往过程中能够保持独立。

### 行为面试题目

- 歌德曾说过：独立性是天才的基本特征。请结合你的经历谈谈对这句话的理解。
- 请举两个在你的工作经历中最能体现独立性的例子。
- 回忆一次你独立承担的最大或最困难的项目，请完整描述那次经历，并告诉我你的感受。
- 请详细描述一下你所遇到的让你感到最无助、最困难的一段工作经历。

- 你在工作中有没有这样的经历：你在自己职权范围内做出的决定受到了他人或上级的质疑。你当时是如何处理的？

## 开放性

### 定义

**开放性**（openness）是指对新鲜事物，如知识、方法和非传统的观念等的接受能力。

### 行为指标

- 相信革新会比规范更能使工作做好。
- 愿意与他人自由地共享观点和信息。
- 尊重他人独特的个性特长和需要。
- 思维开放，兴趣广泛，能够接受各种刺激，愿意冒险。
- 有独创性和革新性。
- 适应能力比较强，能够很快适应变化性大、需要创新性或较为冒险的工作。

### 行为面试题目

- 请举两个最能体现你在工作中具有良好的开放性的例子。
- 请谈谈你在与他人分享经验、信息或观点方面的经验。有没有在这方面遇到过困难？请详细描述一下当时的情况。
- 你能够向我介绍一下当你面对变幻莫测、需要有创新性或冒险精神的环境时是如何处理的吗？当时的情况如何？
- 你有没有遇到过个性比较特殊的团队成员？你是如何处理的？
- 在这个信息时代，我们每天都会接触到各种各样的新思想、新方法，请你谈谈在这方面的经历，有没有让你记忆特别深刻的例子？
- 当你进入一个全新的环境时是如何适应的？请举一个具体的例子来说明。

## 决断力

### 定义

**决断力**（decisiveness）是指在困难中辨别事物的真相，迅速做出决定并积极采取行动的能力。

### 行为指标

- 在时间紧迫的情况下，根据获得的信息迅速做出决定并采取行动。
- 坚持承诺，即使遇到挑战也不轻易放弃。
- 出现紧急情况可以从容解决。
- 做出艰难但必要的决定。
- 在必要的时候承担管理责任，推动变革的落实，打破僵局，确保问题的解决。
- 当机立断，不犹豫，不退缩。

### 行为面试题目

- 在你的工作中有没有过需要迅速做出决定并采取行动的经历？请详细谈谈当时的情况，你都做了什么？
- 在遇到突发情况时，你还能坚持原来的计划吗？请举例说明。
- 请谈谈你在压力下快速做出决定的经历，之后你立即采取行动了吗？
- 当你的决定不被大家接受时，你是如何坚持自己的决定的？请举例说明。
- 你最善于在什么样的情况下迅速做出决策？请讲讲这方面的例子。

## 细心

### 定义

**细心**（detail orientation）是指对待工作责任心很强，能够全面地注意各方面的必要细节。

### 行为指标

- 对自己的工作质量负责，关注工作中的重要细节。
- 为确保准确性而不怕麻烦，对工作进行双重检查。
- 在提供资料和信息之前先进行核实。
- 能对行动的结果进行详细考虑。
- 能发现工作中的误差、错误和疏忽。

- 为避免差错,请他人对书面工作进行检查或评论。

### 行为面试题目

- 有些工作是很容易出错的,你是如何尽量避免出错的?
- 不论从事什么样的工作都会有重复性的、比较单调沉闷的部分,请讲讲你的工作中这样的任务有哪些?你是如何处理的?
- 当你需要在同一时间处理多项工作时,你是如何处理的?请举例说明。
- 请回忆一个由于你的细心而避免了错误发生的经历。
- 有没有由于你的粗心而导致失败的经历,当时你是如何做的?
- 你从事过的最需要细致耐心的工作是什么?你是如何完成的?

## ☞ 适应力

### 定义

**适应力**(adaptability)是指一个人根据要求或环境的变化而成功调整自己的能力。

### 行为指标

- 能够根据形势变化迅速做出有效的决策,找到替换的方法或策略,从而保证工作的完成。
- 根据工作的需要而改变个人、人际或专业的行为方式。
- 在获得新的信息时能够及时评估决策。

- 愿意将变化融入工作流程和产品中。
- 能够看到他人观点的优点。
- 乐于接受新的组织结构、流程和技术。
- 当工作任务或环境发生重大变化时,仍能保持工作效率。
- 改变平稳、适度,不会引发不必要的问题。
- 不必等到了解了所有的细节再做决定。

## 行为面试题目

- 在你的工作经历中最重大的变化是什么?你是如何在适应变化的同时保持工作的效率的?
- 组织中有时会有一些并不被我们认同的政策,请讲一下你最近遇到的不太同意的政策或流程。
- 与来自不同背景或文化的人共事是很有挑战性的,请回忆一下你有没有遇到过来自这些人的挑战或是不同意见?你是如何处理的?
- 你认为前几任领导在管理方式上有什么不同?你是如何调整自己来适应他们的?
- 请讲述一次你为了达到他人的要求而改变自己的工作优先顺序的经历。
- 有些突如其来的变化会彻底改变你的计划和安排,请谈谈你在这方面印象最深刻的一次经历。
- 有时候工作的变化会超出你的控制范围,面对这样的情况,你会怎么处理?请举例说明。

## 情绪稳定性

### 定义

**情绪稳定性**（emotional stability）是指在压力或变化的工作情境中仍然能够保持平稳的情绪。

### 行为指标

- 在各种情境中都能保持心态平和稳定，不易处于紧张和害怕的状态。
- 能够较好地控制自己的冲动和欲望，抵制各种诱惑。
- 能够独立而且有效地应对压力情境，做到处乱不惊、镇定自若。
- 具有正确的自我意识，不妄自菲薄，也不盲目自信。
- 对外在评价保持开放心态，能够从容地应对尴尬的社会情境。
- 即使发生情绪波动，也能够采取办法调节和改善自己的心境。

### 行为面试题目

- 你记得的最近一次因为工作灰心或不耐烦是什么时候？当时都发生了什么，你是如何处理的？
- 在面对突如其来的压力或指责时，你会如何应对？请举一个实际的例子说明。
- 请讲讲当你的工作没有得到领导的认可时，你是如何做的？
- 请讲述你在面临组织发生重大的变化时的表现。
- 在你开始现在这项工作后，你的工作内容发生了哪些变化？哪个变化最让你感到不安?
- 所有的工作都会有一定的压力,你目前的职位主要面对什么样的压力?这些会对你完成工作有哪些影响?

## ☞ 积极心态

### 定义

**积极心态**(positive attitude)是指一种乐观向上的看待人生和处理事情的态度。

### 行为指标

- 不断拟订计划去尝试新的目标,对一切都保持高度的兴趣。
- 善于称赞别人,乐于助人,具有奉献精神。
- 微笑常在,乐观自信。
- 有坚定的信念,相信自己会取得成功。
- 遇到困难时不会恐惧、慌张,懂得在任何困难的问题中都能找到解决问题的线索。
- 能使别人感到你的重要。

### 行为面试题目

- 你最近在工作中遇到过什么让你感到特别沮丧的事情吗?当时的情况是什么样的?你是如何处理的?
- 请举个例子来说明你是如何理解积极心态的。

- 爱默生说过:"有史以来没有任何一件伟大的事业不是因为热忱而成功的。"请结合你的经历谈谈对这句话的理解。
- 工作中难免会有挫折和困难,在遇到这种情况时,你是如何处理的?请举例说明。
- 当你辛苦努力地完成了一项工作,却得不到领导的认可时,你会怎么办?请举一个亲身经历来说明。
- 现代社会,人们的工作压力越来越大,请回忆一下你经历过的压力最大的一个阶段,当时的情况是什么样的?你是如何应对的?

## ☞ 压力管理

### 定义

**压力管理**(stress management)是指无论在何种艰巨的任务或社会压力之下都能够保持冷静,妥善处理,最终达成目标。

### 行为指标

- 即使在压力存在的时候也会有条不紊地做事。
- 在遇到自己无法掌控的事情时,能够冷静地重新制订时间表,并再次确定优先顺序。
- 能够在压力下更好地完成大量工作。
- 能够处理危机而不让它占用个人时间。
- 能够在同一时间关注两件或多件关键事件。
- 能够成为危机中头脑冷静的领袖。

### 行为面试题目

- 工作中难免会遇到一些危机，请讲述你印象最深刻的一次突发事件，当时是怎么处理的？
- 当你必须同时处理几个项目或任务时，你是怎样做的？请举例说明。
- 有些事情是我们无法控制的，领导临时交给你一项紧急而重要的任务，而你可能刚好也有很重要或紧急的工作要处理，请举例说明你在这种情况下是怎么做的。
- 你有没有过工作压力大到让你觉得自己应付不了的经历，请详细讲讲你当时是怎么处理的？
- 请谈谈当你被要求提前完成某项工作时你是怎么处理的。
- 请讲一个你在很大压力下完成的任务。

## 灵活应变

### 定义

**灵活应变**（flexibility）是指面临突变和紧急情境时，有策略地应对局面，妥善处理棘手问题的能力。

### 行为指标

- 遇到紧急情况时不慌张。
- 对突变情况进行快速判断，预测其影响。

- 在紧急情况下能够抓住关键点,以大局为重,忽略小的损失。
- 在突变情境中,大脑能够快速运转,思考变通的、非常规的处理办法。
- 善于借鉴他人实践,处理不测状况。

### 行为面试题目

- 有些事情的发生并不在我们的预料之中。请讲述你遇到的一个事例。你当时是如何应对的?
- 请回想你需要应对一个棘手问题的经历。
- 你遇到过比较紧急的情形吗?当时,你的感受如何?你做了些什么?
- 有的人的行为缺乏预见性。你有过类似的经历吗?你当时是如何反应的?
- 请回想你需要同时处理多项紧急事情的经历,你是如何应对的?
- 你遇到过面对困境大家都束手无策的情况吗?你当时做了些什么?

## 认知能力

在本部分将介绍九个最常用的胜任力(见表4-4)及相应的面试题目。

表4-4　认知能力的九个常用胜任力

| 信息搜索 | 分析思维 | 概念思维 | 系统思维 | |
|---|---|---|---|---|
| 演绎思维 | 归纳思维 | 专业能力 | 创造性思维 | 问题解决能力 |

## ☞ 信息搜索

### 定义

**信息搜索**（information seeking）是指为了解决某个问题，通过有效的渠道或方法获得有关数据、事实的能力。

### 行为指标

- 对问题的形成原因及相关信息很感兴趣，喜欢深入探讨。
- 借由探知一系列的问题，针对矛盾之处，不断挖掘真正的解决之道。
- 侦察未来可以利用的潜在机会或多样的信息。
- 对于获得的信息会亲自去求证是否真实。
- 为了了解问题，能够运用系统化的方法来收集信息。

### 行为面试题目

- 请给我讲讲你最近为完成某个项目而遇到的收集信息方面的困难。
- 你有没有过由于没能获得有效的信息而做出错误的决定或采取了不当的行为的经历？当时的情况是怎样的？
- 虽然我们每天都会获得大量的信息，但真正有价值的信息却不多，你是如何辨识信息是否有用的？请举一个你在这方面做得不太成功的例子。
- 为了核实你所获得的信息是否准确，你都会做哪些工作？请讲一个印象深刻的例子。

- 请讲述类似下面的一个经历：由于你的关系网很广，你能够获得别人得不到的信息。
- 我们的每个决定都是建立在获取一定信息的基础上，你是否遇到过找不到相关信息帮你做决定的情况？当时是如何处理的？

## ☞ 分析思维

### 定义

**分析思维**（analytical thinking）亦称逻辑思维，它是一种严格遵循逻辑规则，逐步分析与推导，最后得出合乎逻辑的正确答案与结论的思维。

### 行为指标

- 论据支撑论点。
- 有系统地把重要任务分成可处理的小部分。
- 预测事物的发展趋势。
- 区分什么是因，什么是果。
- 利用分析技巧找出多个解决方案，并衡量每个方案的价值。

### 行为面试题目

- 请告诉我你所分析过的最复杂的问题是什么，结果如何。
- 请讲一个你所做过的最能反映你的分析能力的项目或任务。
- 有没有遇到过这样的情况：当团队面对一个难题束手无策时，你帮助大家理清思路，找到了解决办法。请具体讲讲当时的情况。
- 请谈谈你对最近工作中最难的一个任务的工作思路。
- 当你面对一个复杂的局面时会如何处理？请举一个具体的例子。
- 请回忆一个最近解决的较难的技术问题，你是怎样解决这个问题的？

## 概念思维

### 定义

**概念思维**（conceptual thinking）是指通过综合各部分，拓宽视野以理解情境，找出情境背后的联系，找出复杂情境中的关键或潜在问题的思维方式。

### 行为指标

- 使用"经验法则"、常识和过去的经验，识别问题和形式。
- 看到现在的情况和过去发生的事情之间的重大差异。
- 恰当地应用并修改复杂的已知概念或方法。
- 从不相干的领域当中找出复杂信息间的有用联系。
- 能够准确地接受他人所要表达的概念，并运用不同的表达技巧轻松地指出不同概念间的差异。
- 具备想象力，能够从不相干的事情中找到共同点，将其组合成一个新的概念。

### 行为面试题目

- 有时候解决问题需要一些想象力，要从复杂的线索中找到共同点，请讲一个你在这方面的经历。
- 过去的经验和常识对于我们解决问题很有帮助，请你回忆一个利用过去的经验出色解决工作上的难题的经历。
- 请讲一个你能够从其他领域找到思路，帮助你解决面临的难题的例子。
- 请讲一个你所遇到过的最难解决的问题，当时你是如何考虑的？采取了哪些行动？

## ☞ 系统思维

### 定义

**系统思维**（system thinking）是指在分析和处理问题时，根据客观事物所具有的系统特征，从事物的整体出发，以大局为着眼点的一种思维方式。

### 行为指标

- 始终从整体来考虑，把整体放在第一位，而不是让任何部分凌驾于整体之上。
- 系统分析各部分和各环节中复杂的因果关系，注意系统内部结构的合理性。

- 为了使一个系统呈现出最佳态势，从大局出发来调整或是改变系统内部各部分的功能与作用。
- 善于排除干扰，抓住问题的关键，清晰地把握思考与决策的方向和目的。
- 能够摆脱以往经验的束缚，打破思维定势，建立开放性的思维方式，跳出现有框架，创造性地认识和解决问题。
- 工作中能够做到整体与部分的统一，既能考虑到有利因素，也能考虑到负面情境发生的可能性及应对方案。

### 行为面试题目

- 请讲一件你处理过的最为复杂、烦琐的任务或项目。
- 有些工作会涉及多个部门、包括多个环节，请谈谈你在这方面的经验，举一个你印象最深刻的实例。
- 请描述一个你从战略的角度分析问题，提出系统的解决方案的经历。
- 在做决策时，我们常常会有多种选择，请谈谈你会如何选择，举一个你认为最艰难的决策经历。
- 有没有这样的经历：你在决策时考虑到了对其他系统的影响？请讲述一个真实的事例。
- 我们在工作中面对的问题总是纷繁、复杂的，请谈谈你是如何迅速排除干扰，发现问题关键的。举一个你认为最成功的例子。

## 演绎思维

### 定义

**演绎思维**（deductive thinking）是指人们以一定的反映客观规律的理论认识为依据，从服从该认识的已知部分推知事物的未知部分思维方法，是由一般到个别的认识方法。

### 行为指标

- 知晓事物具体规律是有前提假设的。
- 基于公认的判断得出新的结论。
- 具体问题具体分析，对具体情景敏感，能够考虑到新的情况。
- 对事物内在的逻辑关系把握透彻。

### 行为面试题目

- 工作中的很多问题非常复杂，可能会有多个潜在原因，或有着错综复杂的关系，请讲讲你在这方面印象深刻的一件事；
- 在面对复杂问题时，我们常常会有多个可能的行动方案，你是如何做出决策，并对潜在的困难做好准备的？请举一个具体的例子来说明。
- 请举一个你能够把一般性的原理或其他知识推广到工作中，解决了具体问题的例子。
- 掌握某类工作的一般性知识与原理，有助于找出解决该类工作中具体问题的思路。请你讲述一个工作中亲身经历的类似事例。

- 当陷入某一工作难题时，如果能跳出具体问题，从解决此类问题的一般原理角度去考虑，往往可以更快捷地找出解决问题的办法。请你讲一个类似的事例来说明。

## 归纳思维

### 定义

**归纳思维**（inductive thinking）是指能够发现那些不明显的事物的规律或关系，从个别的、具体的问题中总结出规律的一种思维方式。

### 行为指标

- 通过运用过去的经验、常识和基本规则，能够很快确定问题的关键所在。
- 对信息进行分析，发现其模式或趋势，并与过去的经历相比较。
- 能够运用创造性的、概念化的或归纳性的推理方法对问题进行分析，确定其关键点。
- 为解决问题，能够创造出新的概念或规则。

### 行为面试题目

- 当工作中遇到新问题时，你是如何运用自己的知识和经验来解决问题的？请举一个具体的事例。
- 从个别问题推断出解决该类问题的一般原则或方法，将有助于我们更高效地解决今后遇到的同类问题。请你讲述在此方面做得比较成功的一个事例。
- 工作中常遇到各种各样的新问题,如果能总结出一般规律与原则,将使工作省时省力。请你讲一个亲身经历的类似事例。
- 将以往经验结合新的问题情境后,可以修正之前的认识,得出更符合普遍情况的结论。请讲讲你在此方面体会较深的一次经历。

## 专业能力

### 定义

**专业能力**(technical expertise)是指对工作相关的各种知识精通了解,并能延伸、利用和传播给别人。

### 行为指标

- 采取行动让技术和知识不落伍。
- 通过探索自己所从事的领域以外的事物展现好奇心。
- 愿意协助他人解决技术问题。
- 上课或自修与工作相关的新的学科。
- 积极在组织内部传播新技术。

### 行为面试题目

- 请回忆一下你有没有这样的经历:你应用一些自己学习到的新知识到工作中,帮你更好地完成工作任务。
- 当你掌握了一种新的知识或技能时,你是如何帮助公司内更多的人了解和应用这个知识的?请举例说明。
- 请讲一个当其他同事遇到工作中的难题时,找你来帮助他解决的例子。
- 在你遇到的各种工作难题中,有没有自己无法解决的?当时的情况是怎样的?你都做了什么?
- 请详细介绍一下你解决得最成功的工作中的难题。
- 有时随着工作职责的变化,要求你了解和掌握新的知识和技能,请谈谈你在这方面的经历,当时最大的困难是什么?你是如何克服的?

## 创造性思维

### 定义

**创造性思维**(creative thinking)是指能够运用想象力,产生原创性和突破性想法的思维过程。

### 行为指标

- 对各类信息、新动态和新发展持开放的心态。
- 能够把表面上不相关的事实联系在一起,从而形成新的看法。
- 展现出崭新的思考方式,愿意挑战传统的假设和方法。
- 提出全新的、独到的观点或见解。
- 敢于承担风险去制定新政策、采取新措施和尝试新方法。
- 积极营造创新氛围,对新观点、新方法的提出表示欢迎和赞同。

## 行为面试题目

- 请谈谈最近两年你在工作中主动实施的一个新方法。
- 随着科技的迅速发展,企业对创新的要求越来越高,请讲述你是如何促进企业创新氛围的形成的。你所采取的最有效的措施是什么?
- 请举一个事例来说明你是如何打破常规,用新的方法来解决工作中的难题的?
- 请讲述一次你发现传统方法的不足,尝试新的解决问题的方法,并取得成功的经历。
- 请谈谈你在新产品开发方面印象最深刻的一件事。
- 请讲讲你在创新方面遇到的最大的困难是什么。当时的情况是什么样的?你是如何处理的?

## ☞ 问题解决能力

### 定义

**问题解决能力**(problem solving)是指准确清晰地定义问题,收集相关信息并提出有效的解决方案的能力。

### 行为指标

- 掌握问题的复杂性,并对问题所涉及的各种关系有所认知。
- 视问题为挑战和提升技能、能力的机会。
- 能够预见到特殊行动的结果。

- 提出异议,对不同观点进行争论。
- 用有效的方法、严格的逻辑和方式去解决困难问题。
- 为了答案探寻各种有效的资源。
- 不停留在最初的答案上,看得更深入,关注被人忽略的方面。

**行为面试题目**

- 请回忆一次你必须要去探索问题的深层原因的经历,当时是如何做的?
- 请讲述一个你发现问题,并提出有效解决方案的例子。
- 请讲这样一个经历:你经过慎重的思考才做的一个决定或解决的一个问题,你当时都做了什么?
- 请谈谈你到目前为止遇到的最难解决的问题,当时你是怎么考虑的?又是如何做的?
- 请回忆一次这样的经历:在解决一个问题时,你的方法比其他人的更有效。当时你都做了什么?是怎么考虑的?
- 请讲一个最近两年中你认为自己解决得不太好的问题或难题,当时的情况怎么样?你都做了什么?

# 人际能力

在本部分将介绍九个最常见的胜任力及相应的面试题目。

表 4-5　人际能力的九个常用胜任力

| 冲突管理 | 合作性 | 关系建立 | 口头沟通能力 | 书面沟通能力 |
|---|---|---|---|---|
| 同理心 | 谈判能力 | 客户导向 | 说服力 | |

## 冲突管理

### 定义

**冲突管理**（conflict management）是指预防和化解冲突的能力。

### 行为指标

- 不逃避冲突，且能将冲突视为展现和锻炼自身能力的机会。
- 善于发现各方观点的异同，通过公开的讨论达成全赢的局面。
- 善于集中精力倾听，并能很快读懂形势。
- 通过恰当的方式进行沟通协调，减轻各方之间的紧张与冲突。
- 达成一致意见并切实落实。
- 在敌对状态中，能够有效地处理与他人的关系。

### 行为面试题目

- 请讲一个你印象最深刻的、与他人发生矛盾或出现意见不一致的经历，你当时是如何解决的？
- 在团队中大家常常会有意见不一致的时候，请讲一次你成功说服所有团队成员达成一致意见的经历。

- 当你与上级领导的意见不一致时,你是如何处理的?请举例说明。
- 请举一个例子来说明你在工作中是如何预防冲突的发生的。
- 请讲一个你提出了很好的建议,成功地解决了两个员工之间的矛盾的事例。
- 请回想一下你遇到的最难相处的人,谈谈你最近一次和他接触的情况,你是如何处理的?
- 请描述你觉得很难处理的一次矛盾或意见,你都做了些什么,效果如何?

## 合作性

**定义**

**合作性**(collaboration)是指与他人一起工作或完成某项任务时,能够保持高质高效,并互相信任与尊重。

**行为指标**

- 相信团队的力量,愿意与人合作。
- 分享相关或有用的信息。
- 能够赢得信任和支持。
- 能够与来自不同层级和部门的人相互沟通,以解决问题或达成计划。
- 在完成自己的工作的同时愿意帮助他人。
- 尊重他人的意见和专业知识,愿意向他人学习。
- 当发生冲突时,不隐藏或避开问题,积极寻找解决问题的方法。

## 行为面试题目

- 请你讲述一次最愉快或最成功的与他人合作的经历。
- 你是如何保持与同事的良好合作关系的？请举例说明。
- 取得他人的信任与合作是比较困难的，请讲述一次你所经历的最不愉快的合作经历。
- 当你的意见与团队其他成员不一致时，你会怎么做？请举例说明。
- 作为团队成员，有时为了团队目标的实现，不得不放弃一些对个人来说很重要的东西，请讲述一个你在这方面的经历。
- 你遇到的最难合作的团队或部门是什么样的？你认为影响你们合作的因素有哪些，你当时是如何处理的？
- 有些人是很难相处的，要与这样的人合作会是一个很大的挑战，请讲述一次你成功与这种人建立合作关系的经历。

## ☞ 关系建立

### 定义

**关系建立**（relationship building）是指与有助于完成工作相关目标的人建立并保持良好的关系或关系网。

### 行为指标

- 具有主动性，能够有意识地建立融洽的关系。

- 能够轻松建立融洽的工作和私人关系,并促进关系的发展。
- 这些关系的建立将有利于工作目标的达成。
- 与他人分享个人资讯以便交流或达成共识。
- 与有关人员建立持久的良好关系,而非需要时才有所行动。

**行为面试题目**

- 请讲述你在建立关系方面最成功的一次经历。
- 请描述一次你利用自己的关系网,将自己的工作与公司内其他部门正在进行的工作进行整合的经历。
- 你是如何维持与其他部门人员的有效联系的?请举例说明。
- 请讲述一次你刻意与某人建立关系,最终这个关系帮助你完成了工作目标的经历。
- 信息在工作中起着越来越重要的作用,请讲述一次你通过自己的关系网获取重要信息,帮助你顺利完成任务的经历。
- 当你到一个新环境工作时,是如何与他人建立关系的?请举例说明。

## 口头沟通能力

### 定义

口头沟通能力(oral communication)是指在个人或团队面前,能够清晰、流畅地表达自己的想法。

## 第四章  经典行为面试题目

**行为指标**

- 自信，无论在个人还是团体面前都能自如地发表自己的观点。
- 讲话清晰、流畅、有条理。
- 能够有效地倾听。
- 有非言语的表情或动作的交流。
- 表达具有说服力。

**行为面试题目**

- 公众演讲是很有挑战性的，请讲述你最成功或最失败的一次公众演讲的经历。
- 倾听有时会帮助你更好地与人沟通，请讲述一次你通过倾听达到更好的沟通效果的经历。
- 请讲述一次你成功说服他人或团队接受你的意见的经历。
- 请讲讲你做过的最重要的一次演讲。
- 当谈话气氛变得很紧张时，你会如何处理？请举例说明。
- 请举一个当你向上级反映重要信息时，他误解了你的意思的经历。你当时是如何处理的？
- 你在与人沟通中曾遇到的最大的困难是什么？当时你是如何处理的？

## 书面沟通能力

### 定义

书面沟通能力（written communication）是指能够运用恰当的文笔，清晰、准确、简洁地把自己的想法表达给读者。

### 行为指标

- 能够清晰有力地呈现信息及自己的分析过程和想法。
- 组织的文章清晰明了。
- 用词准确，写作风格恰当。
- 能通过使用图表解释较复杂的概念或信息。
- 正确理解书面信息。

### 行为面试题目

- 工作中会有很多需要书面沟通的时候，请讲一下你做过的最重要的一次书面沟通。
- 请描述一次你觉得对于提升你的能力最有帮助的写作经历。
- 书面表达与口头表达有很大的不同，请谈谈你遇到的最大的困难是什么，你当时是怎么解决的？
- 请举一个你运用自己的写作能力很好地表达了一个重要信息的例子。
- 请讲一个由你写的且得到过大家认可的报告。

## 同理心

### 定义

**同理心**（empathy）是指想要了解他人，能够倾听并体会到他人没有表达出来或是表达不完整的想法和感觉。

### 行为指标

- 认识到他人的情绪和感觉。
- 了解他人的态度、想法、兴趣和需要。
- 设身处地为他人着想。
- 能够考虑到决策或设计对他人的影响。

### 行为面试题目

- 请讲述一次你发现别人在工作中遇到困难的经历。
- 在给下属分配工作任务时难免会遇到一些问题，请举一个你处理得很妥当的例子。
- 你是如何激励下属或团队中其他成员的？请举例说明。
- 对团队成员的了解将有助于工作的顺利展开，请举一个你在这方面的成功事例。
- 请讲一次你与一位非常情绪化或非常敏感的员工做绩效反馈的经历；
- 请讲述你能够捕捉他人"话外之音"的一次经历。

## 谈判能力

### 定义

**谈判能力**（negotiation）是指一个人推动各方参与者达成共识的能力。

### 行为指标

- 协议或共识是建立在事实或论据的基础上的。
- 沟通灵活、敏感，掌握对方的反应。
- 充分理解对方的观点和需求。
- 清楚地表达自己的观点和需求。
- 通过求同存异达到双赢的局面。

### 行为面试题目

- 请举例说明，在面对强硬的对手时，你是如何推动双赢协议的达成的？
- 请讲述你遇到的最难的一次谈判经历。
- "知己知彼，百战不殆。"请讲述一次由于你的充分准备帮助成功说服他人接受你的观点的经历。
- 当参与谈判的各方争执不下时，你会如何促进双赢协议的达成？请举例说明。
- 适当妥协是谈判成功的重要因素。请回想你在这方面做得不错的一件具体的事情。

# 客户导向

## 定义

客户导向（customer orientation）是指有服务客户的愿望，努力满足客户的需求，使客户满意。

## 行为指标

- 全面了解客户的真正需求，迅速提供可以满足其要求的产品或服务。
- 与客户建立并保持良好的关系，成为可信赖的顾问角色，为客户提出有独到见解的建议。
- 愿意承担责任，对客户服务问题能够保持开放的心态，并迅速改正问题。
- 为满足客户的要求，主动采取行动，不吝惜时间和精力。
- 保持积极的心态和长远的眼光来解决客户的问题。

## 行为面试题目

- 请谈一次你在与客户交往过程中得到特别积极反馈的情况。
- 工作中难免会遇到一些比较难缠的顾客，请回忆一下你遇到客户提出很挑剔的要求的经历，你是如何处理的？
- 当顾客对你的处理方式表示不满时，你会怎么做？请举一个最近发生的例子来说明。
- 有些客户的需求可能需要你花费大量的时间和精力才能了解，请谈谈这方面的例子，结果又是怎么样的？

- 请谈谈你在建立和维护客户关系方面的经验,并举一个你觉得在这方面最成功的例子。
- 请回忆一次你的服务超出了客户的要求,使他非常满意的经历。

## 说服力

### 定义

**说服力**(persuasiveness)是指说服、影响或感动他人,赢得他们的支持,从而使他们改变想法、主张或行为。

### 行为指标

- 了解所要说服的对象,清楚他们的想法和可能的反应。
- 以事实、资料、数据为论据。
- 果断、坚持、不轻易放弃的态度。
- 采取灵活的说服策略。
- 赢得他人的支持。

### 行为面试题目

- 说服他人接受不同的意见往往是一件比较困难的事,请讲一次你成功劝说他人采取某种行动的经历。
- 当你认为自己的想法、计划或解决方案更有效时,你会如何来说服你的同事和上级?请举例说明。
- 有没有在与其他部门合作时,你成功说服他们改变意见或工作方式的经历？你当时都做了什么？
- 在你的工作经历当中，最不成功的一次劝说经历是怎样的？
- 请讲述一次你成功劝说他人接受一个并不被广泛认可的想法的经历。
- 你是如何劝说他人接受或遵从不受欢迎的政策、措施或流程的？请举例说明。

## 领导与管理能力

在本部分将介绍十八个最常用的胜任力及相应的面试题目（见表4-6）。

**表4-6　领导与管理能力的十八个常用胜任力**

| 愿景领导 | 影响力 | 团队领导力 | 环境敏感性 | 计划和组织 | 培养下属 |
|---|---|---|---|---|---|
| 授权 | 变革管理 | 组织敏感性或政治敏感性 | 控制 | 协调 | 激励他人 |
| 领导愿望 | 决策能力 | 企业家精神 | 项目管理 | 风险管理 | 流程管理 |

### ☞ 愿景领导

**定义**

**愿景领导**（visioning）是指能够理解、实施目标，并以此激发他人工作动力的能力。

## 行为指标

- 从全局考虑，关注未来的发展，具有预测能力。
- 能够明确或定义公司的目标和远景。
- 基于组织愿景和价值观来采取行动。
- 依据组织的愿景来鼓励大家，实现在组织文化、价值观方面的主导作用。
- 能够提供有价值的、创新的解决方法，替代传统的技术和方法。
- 在关注现在的问题的同时也会注意未来的需要。

## 行为面试题目

- 请你谈谈你对公司未来发展的预测，以及你都为此做了什么。
- 有没有这样的经历：由于你对未来的预测非常的吸引人，从而使那些老爱唱反调的人接受了你的观点，成为你的支持者。
- 请讲讲你为自己部门建立愿景目标的经历。过程是怎样的？还有其他人参与吗？这个目标对于部门的发展有什么贡献？
- 请谈一次你成功引入新技术，从而大大提升生产效率或工作效率的经历。
- 请谈谈在竞争日益激烈的环境中，你是如何把握好公司的发展方向的？请讲讲在这方面你都做了哪些工作？
- 作为公司的高层管理者，你需要从全局的角度出发考虑企业未来的发展，请谈谈你在这方面做得最成功的一个案例。
- 日本著名的管理学家大前研一曾提出："今后的时代所需要的展

望能力,是能够看清别人看不到的事物的能力。"请谈谈你在这方面的经历。

## ☞ 影响力

### 定义

**影响力(influence)** 是指说服或影响他人接受说话者所支持的观点,推动某项议程或领导某一具体行为的能力。

### 行为指标

- 在认识上比较领先,提出的思路让人信服。
- 行动上主动积极,是他人效仿的榜样。
- 预先考虑到自己的言语、行动或其他细节可能对别人造成的影响。
- 根据不同听众的兴趣采用相应的影响策略。
- 从容而谨慎地提供或保留信息,以获得特定效果。
- 通过对第三者或专家施加影响来影响别人的决定或行为。

### 行为面试题目

- 请讲一个你说服他人做他并不喜欢做的事情的例子。
- 你是如何使别人参与、支持你的工作,并最终达到预期目的的?请举例说明。
- 当你的老板要求你去推行一些员工们并不认同的政策时,你采用了什么样的方法来说服大家?请举例说明。

- 你是否遇见这样的情形：下属的某位员工不愿意干自己的工作。你会采取什么措施来改变这种情况？如果他不得不继续从事这些工作，你会如何说服他？请举例说明。
- 说服领导改变他的观点是一件比较困难的工作，请讲讲你在这方面的经历。
- 客户就是上帝，但有时他们也会提出一些不太合理的要求，请谈谈你遇到的类似情况，你是如何说服他们改变初衷的？
- 请回忆一下这样的经历：你通过对第三人或专家施加影响而达到影响某人的目的。

## ☞ 团队领导力

### 定义

**团队领导力**（team leadership）是指影响团队整体高效工作，并保持团结和谐的氛围。

### 行为指标

- 确保受到决策影响的人得知必要信息。
- 付出个人心力，公平对待团队中的所有成员。
- 运用复杂的策略提升团队的士气和工作效率。
- 确保群体的实际需求得到满足。
- 明确领导作用，确保他人接受领导者的任务、目标、计划、政策等。
- 关心团队或群体的形象。

## 行为面试题目

- 请谈谈在你的团队管理工作中最有挑战的一次经历。
- 当团队士气低落的时候,你会怎样鼓舞士气?请讲一个具体的事例。
- 作为团队领导,在公平对待每位团队成员方面必定要花些心思,你在这方面都做了哪些工作?效果如何?
- 你是如何确定自己在团队中的领导地位的?请讲讲你最近在这方面的经历。
- 请回忆一下,在你的团队中有没有过合作性很差或工作业绩很差的成员,你是如何处理的?
- 在团队建设方面,你有没有失败的例子?当时的情况是怎样的?
- 你是如何评价团队成员的?请讲讲最近一次你做的绩效考核。

## 环境敏感性

### 定义

**环境敏感性**(environment awareness)是对环境信息(市场、技术、政治、文化等)变化的感知能力和洞察力。

### 行为指标

- 能够感知外界变化,了解环境中变化了的信息。
- 识别环境变化信息背后的原因及相互关联的变动模式。

- 把握环境信息变化带来的可能的机遇。

## 行为面试题目

- 管理学大师德鲁克曾经说过:"大企业中高层管理的成员负有特殊的责任——成为'触感'外界的器官,成为组织的眼睛和耳朵。"请你结合自己的经历谈谈对这句话的理解。
- 市场信息瞬息万变,你是如何让自己及时掌握最近的市场变化的?
- 请讲述这样一个经历:由于你及时发现市场变化,从而帮助公司避免了重大的损失。
- 信息时代,人们每天都会接收到很多的信息,你是否曾经在那些被别人忽略的信息中发现对于你所在公司非常重要的信息?你是如何做出判断的?
- 谈谈你是如何保证自己能够及时了解到市场环境或工作环境所发生的各种变化的?请举一个具体的例子。
- 请你回忆一次到一个新的部门或新的单位工作的经历,当时你是如何适应新环境的?

## ☞ 计划和组织

### 定义

**计划和组织**(planning and organizing)是指为了实现某一目标,能够恰当地安排工作和利用资源,采取一系列有效的行动。

## 行为指标

- 明确工作目标。
- 提前为任务做好计划。
- 工作计划能够充分考虑各种可能的情况。
- 有效地管理时间。
- 有效地管理各种资源（人力、物力和财力）。
- 设定合理的检查点，并以此来回顾工作进展，进行必要的调整。
- 能够根据情况变化进行调整。

## 行为面试题目

- 请谈谈你在工作安排方面遇到的最大挑战是在什么时候，你是如何保证自己能够完成任务的？
- 有时候你能利用的资源是有限的，你会如何利用现有资源来完成工作？请举例说明。
- 请讲一个最能体现你计划和组织能力的例子。
- 你在时间管理方面有什么技巧吗？请讲个例子来说明它们确实有效。
- 你的工作中有没有这样的情况：在同一时间内必须完成几件事，或在时间紧迫、资源有限的条件下完成工作。请讲一个具体的事例。
- 请谈谈你最近为团队设立的目标，你是如何带领大家完成这个目标的？
- 请讲一次你没能按时完成某项工作的经历。

## 培养下属

### 定义

培养下属（developing others）是指有意识地教导和协助下属长期的学习和发展。

### 行为指标

- 对下属给予正面的期待，相信他们想要学习并有能力学习。
- 成为下属的良师益友，激励他们不断取得进步，并提供必要的指导。
- 对下属的工作情况及时提供反馈。
- 准确地识别员工的发展需要，并提供培训机会。
- 为提升下属的工作业绩，并为未来做准备而培养下属各方面的技能。
- 根据下属所要达成和发展的能力来授予任务。

### 行为面试题目

- 在最近的一次绩效考核中，你是如何帮助下属确定需要提升的能力，并制定相应的培训计划的？
- 当你的团队中有一位表现平平的成员时，你会怎样帮助他提升业绩？请举例说明。
- 杰克·韦尔奇指出："管理者就是发动机，是成为真正提供方便的人，使分享、学习、搜寻新知识和好奇心成为公司的习惯。要做一个好的管理者，就得做一个好教师。"请结合你的经历谈谈对这段话的理解。
- 对于那些工作出色的下属，我们会很容易忘记及时给他们提供反馈和发展建议。给我讲讲你手下最能干的员工，你多久和他做一次绩效沟通？如何做的？与其他员工相比有什么不同吗？
- 请讲一个你的指导或辅导确实帮助下属提升了工作绩效的例子。
- 有些员工对反馈非常敏感，你是如何与这样的下属沟通，帮助他们提升绩效的？请举例说明。

## ☞ 授权

### 定义

**授权**（delegating）是指通过恰当的方式将决策和任务分配给下属，并确保他们的个人能力能够有效发挥。

### 行为指标

- 愿意相信别人或员工能够执行任务。
- 能够将任务、决策和责任合理地分配给下属。
- 为达到最佳的效果，能够在合适的时间，运用恰当的方式，授权给正确的人。
- 确保人力资源得到合理利用，所需的各种资源都可以获得。
- 给予下属自己去完成工作的空间。
- 在分配任务、讨论方法、保证成功完成任务的同时，能在员工的不同期望之间进行交流和沟通。

## 行为面试题目

- 回忆一下你管理的下属，最近你给哪一位授予了较为重要的职责？什么职责？你是如何授权的？效果如何？
- 如果在你授权后，下属的工作表现较差，你会怎么处理？请举例说明。
- 松下幸之助说过，一位称职的管理者应该"只做自己该做的事，不做下属该做的事"。请结合你的经历谈谈对这句话的理解。
- 当一位下属不愿接受你安排给他的任务时，你会如何处理？请举例说明。
- 把工作授权给合适的人有时会很难，请讲一次你把任务授权给并不适合这项任务的人的经历。
- 你有没有这样的经历：你本应该把一项工作授权给别人做，但你还是自己来完成了？请举一个具体的例子。

## 变革管理

### 定义

变革管理（change management）是指能够洞察组织内外部变化，提出具有前瞻性并有利于组织发展的应对方案，提醒或鼓励组织成员朝某一既定的方向改变。

## 行为指标

- 洞悉组织外在环境的变化。
- 明确在变动的环境中组织的变革方向。
- 提出相应的策略和方法让组织能够面对环境的变化。
- 能够提出或引入多样的方法与技术来帮助组织应对环境的变化。
- 采用有效的激励方式来影响组织成员,使其乐于参与所提出的行动。

## 行为面试题目

- 环境的变化不仅影响组织的发展,对于个人的成长同样有很大影响,请回忆在你的职业生涯中最大的变化是什么?你是如何应对的?
- 你有没有这样的经历:为了适应新环境,你推行了新的政策,但团队成员并不认可。你当时是如何处理这种状况的?
- 面对近乎残酷的市场竞争,对于任何一个企业来说,只有勇于变革才能求得生存、求得发展。请结合你的工作经历谈谈在变革管理方面都做了哪些工作。
- 请讲述一次你试图改变公司的现有流程或政策等以便适应环境变化的经历。
- 请讲讲你是如何帮助下属或同事接受公司的新政策的。
- 我们对新鲜事物的接受是有一个过程的,请回忆一下你有没有开始不能接受某一工作中的变化,但后来又能够接受的经历。是什么让你改变了想法?

## 组织敏感性或政治敏感性

### 定义

**组织敏感性**（organizational awareness）**或政治敏感性**（political awareness）是指了解和掌握自己组织内部或其他组织内部的权力关系，并能辨识出决策者及影响者。

### 行为指标

- 了解组织（自己的组织或客户的组织）的非正式构架（决策者、影响者）。
- 识别出组织内存在的某种没有言明的约束力。
- 了解组织的运作模式，能够预见某一新事件或情况将如何影响公司的某些人、某些部门。
- 清楚地知道影响组织的根本问题、机会或政治力量。
- 对潜在的文化和政治因素或事件有识别，以免遭遇困惑。

### 行为面试题目

- 你所在的组织的文化是什么样的？请讲讲在这样的文化中你是如何工作，实现工作目标的？
- 你了解你们公司的运作模式吗？请讲讲你在这方面的经历。
- 请讲一个由于你对公司潜在的运作规则的了解不够深入，导致没能完成工作的例子。
- 有时候对于客户组织的了解会有助于你赢得客户的支持，请谈谈你在这方面的经历。
- 请谈谈你运用组织中非正式的关系网络来帮助你完成某项工作的经历。
- 你现在公司的工作氛围与以前的有什么不同?这种差异是否有助于你更好地完成工作?请举个例子。

## ☞ 控制

### 定义

**控制**(control)是指通过不断地对业绩进行衡量和调整,以保证制定的计划得以落实,任务目标能够达成。

### 行为指标

- 与下属共同设定目标,提出要求和标准,制定工作计划。
- 根据业务特征选择关键控制点。
- 及时了解下属的工作进程,对其业绩和计划进行比较,察觉其不足,并及时纠正。
- 能够控制部门内的信息流向。
- 能够进行质量监控。
- 适时控制。

### 行为面试题目

- 请列举最近在内部控制方面遇到的比较难处理的一个例子,你是如何做的？

- 美国一位管理学者曾把控制比喻为授权管理的"维生素"，请结合你的经历谈谈你是如何做好控制的。
- 请结合一个实际发生的例子，谈谈你是如何确保由下属承担的工作任务落实到位的？
- 请谈谈你在监督下属完成工作方面遇到的最大的挑战是什么，当时情况是什么样的？你是如何处理的？
- 当你发现下属在完成一项任务时，业绩表现和计划有较大出入，你是如何处理的？请举一个具体的事例。
- 请回忆一个你作为管理者，由于没有及时监控，而导致工作任务发生拖延的事例。
- 当一项任务涉及多人时，你是如何确保工作按照计划完成的？请举例说明。
- 请谈谈你在给下属布置任务时最不顺利的一次经历。
- 在一项工作任务中，当你发现有一位下属不能按要求完成任务时，你是如何处理的？请举一个具体的例子。

## 协调

### 定义

协调（coordinating）是指能够妥善处理利益相关者之间的关系，促成相互理解，获得支持的能力。

## 行为指标

- 重视并乐于沟通，愿意与人建立联系。
- 能够打破自我中心的思维模式，尝试从对方的角度和立场考虑问题，体察对方感受，促进相互理解。
- 重视信息分享，用心倾听各方的意见，并根据实际情况及时做出调整和回应。
- 能够以积极心态和不懈的努力对待冲突和矛盾，而不是使用强权或回避。
- 能够平衡好内外部的关系，解决随时可能发生的冲突。

## 行为面试题目

- 请回忆一次在你的工作中遇到的最难协调的经历。你是如何解决的？
- 请谈谈你是如何与相关政府部门协调好关系，确保工作任务的顺利完成的？
- 很多工作会涉及多个部门或多个人来共同完成，在这样的情况下你作为负责人是如何协调好各方利益，使任务顺利完成的？请举一个具体的例子来说明。
- 请讲一个这样的经历：你和你的老板在解决问题上有不同的看法，你是怎样弥补你们之间的分歧的？
- 当你所管理的团队有两位骨干员工出现了矛盾，不配合工作时，你是如何解决的？请举一个具体的事例。

- 当你的工作需要其他部门配合，而这个部门的人却以各种理由来推托时，你会如何处理？请举一个类似的经历。

☞ 激励他人

### 定义

**激励他人**（energize）是指激发他人内在的积极性，充分发挥他们的潜能。

### 行为指标

- 把重要的工作或责任授权给他人去完成，并给予他们决策的权利。
- 鼓励个人和团队根据公司的发展目标设立自己的目标。
- 明确表示相信他人能够把工作做好。
- 鼓励员工或团队自己解决问题，而不是提供解决方法。
- 提供必要的资源。
- 建立恰当的激励机制以表彰员工的出色表现。

### 行为面试题目

- 请谈谈你是如何激励团队中的每个人的，遇到过哪些困难？又是如何解决的？
- 请结合自己的经历谈谈激励员工最有效的方法有哪些。
- 团队中有时会有些人表现平平，不愿付出太多的努力，你是如何激发他们的工作热情的？请举例说明。
- 你是如何鼓励下属在他们的职权范围内自己做决定的？效果如何？有没有不太成功的例子？
- 你有没有这样的经历：你鼓励员工自己决定工作的流程、方法，即便你更希望他们使用其他方法。
- 请回忆一下，你有没有在非常困难的时候也鼓励团队或员工自己去解决问题的经历。

## 领导愿望

### 定义

**领导愿望**（need to lead others）是指想要领导团队或小组，在团队中扮演领导者的角色，赢得团队成员的信任，使之愿意在其组织和指挥下完成工作。

### 行为指标

- 愿意成为团队的领导者，承担起组织和带领团队成员完成工作的责任。
- 能够以良好的工作能力、卓越的业绩以及正直、诚实的品性等赢得下属及周围人的信任和尊重，使得大家愿意追随和服从。
- 能够使用各种策略来提升团队的士气和效率。
- 能够对工作进行统筹规划，任务、职责与权限的界定明晰合理，下属能够各司其职，有条不紊地开展工作。

- 能够在面对复杂情况时迅速分析，果断做出决策，使得团队成员迅速获得行动的方向感。
- 在需要时，善于使用权力与规则令人服从和执行。

**行为面试题目**

- 请讲述你主动承担团队的管理工作的经历。
- 请谈谈你是如何赢得下属的信任和尊重的？请举一个具体的例子来说明。
- 作为管理者，你是如何提升团队士气的？请举例说明。
- 请讲述你是如何带领团队克服困难，完成一项有挑战的任务的？
- "不想当将军的士兵不是好士兵"，请举例说明你是如何努力成为团队的管理者或领导者的。
- 请结合一个具体的事例，谈谈你是如何成长为优秀的管理者的。

 **决策能力**

**定义**

**决策能力**（decision-making）是指在某项决策之前，在一些可以替代的决策中进行选择，权衡各种替代决策的优势或缺点，然后基于现有信息和合理假设做出一种更符合逻辑的选择和决定。

**行为指标**

- 在变化着的模糊环境中敢于做出独立的判断。

- 决策能够考虑到短期和长期的平衡。
- 敢于冒合理的风险,勇于承担起决策的责任。
- 在出现争议时,能够做出令人信服的决策。
- 能够对关键决策的影响进行定量的测量。
- 能够为自己和他人确定事情的优先顺序。

**行为面试题目**

- 在目前的职位上,你最近所做的一次决策是什么?请告诉我你所面对的决策情境。
- 请谈谈你必须做出的一个有挑战性的决策。当时的情况是怎样的?效果如何?
- 有没有这样一种情况:你对某项事物的深入了解帮助你做出了正确的决策?
- 有时人们会凭一时的冲动而做出决定,请举个例子来说明你会努力克服这种情绪,在获得所有的相关信息后才做出决策。
- 请给我讲讲你在工作中做出的最糟糕的决策。
- 在一些情况下,即使我们获得的信息不完整,也必须迅速做出决策,请谈谈你在这方面的经历。

## ☞ 企业家精神

### 定义

**企业家精神**(entrepreneurship)是指寻找并抓住可以获利的商

业机遇，为了达到商业目标愿意承受一定的风险。

### 行为指标

- 关注可能带来商业机遇的各种行业和市场信息。
- 发现并抓住可以获利的商业机会。
- 为了实现商业目标愿意承受一定的风险。
- 为客户、供应商和商业伙伴提供有创新性的商业建议或计划。
- 鼓励和支持他人具有企业家精神的行为。

### 行为面试题目

- 请讲讲你是如何抓住商业机遇的。最成功的是哪一次？
- 你最近一次为客户提供的有创新性的商业计划书是什么？客户是否接受了你的建议？效果如何？
- 为了抓住某些机会，我们必须承担一定的风险，请给我讲一个你在承担了巨大风险后获得成功的例子。
- 请给我讲讲你在抓住商业机遇或开拓新的市场方面不太成功的经历。
- 现在创业的年轻人越来越多，请谈谈你在这方面有什么想法。是否有过类似的尝试？请给我们讲一个这样的经历。
- 信息社会为人们提供了更多的商业机会，请讲一次你成功抓住商机，为企业带来利益的经历。

## 项目管理

### 定义

项目管理（project management）是指在规定用来实现具体目标和指标的时间内，对组织机构资源进行计划、引导和控制工作。

### 行为指标

- 项目的实施符合公司的战略目标。
- 了解客户的需要，在项目中关注客户的满意度。
- 制定工作计划，包括任务、时间安排、考查点和资源。
- 在预算范围内合理地利用各种资源。
- 监控项目的进展和对绩效进行评估。
- 确保工作的数量与质量符合要求。
- 按照计划准时完成项目，并且不会超出预算。

### 行为面试题目

- 请介绍一下你做过的最成功的项目，你在其中负责了什么工作？
- 有时候项目的预算是有限的，在这样的情况下你是如何有效利用现有资源来完成项目的？请举例说明。
- 你是如何确保项目的数量和质量符合客户的要求的？请举一个最近的例子。
- 请谈谈你管理的最大的项目，当时的情况是什么样的？最大的挑战是什么？结果如何？

- 你做过的最糟糕的项目是哪个?当时的情况是什么样的?最大的困难是什么?
- 在项目管理中,人力资源的安排与协调是非常重要的工作,请回忆一下你在这方面遇到的最大的困难是什么?当时是如何处理的?

## 风险管理

### 定义

**风险管理**(risk-monitoring)是指一个人在对风险进行识别、预测、评价的基础之上,优化各种风险处理技术,以一定的风险处理成本达到有效地控制和处理风险的能力。

### 行为指标

- 能够识别、预测和评价风险。
- 建立恰当的内部控制流程,以便及早发现和化解风险。
- 在公司内创造一种积极正向的风险管理氛围。
- 即使会承担一定的个人风险,在决策时也会选择有利于组织的方法。
- 在权衡各种因素后确定合理的风险处理方法。

### 行为面试题目

- 请讲一个由于你关注风险的预防与处理而帮助公司避免了重大损失的例子。
- 你是如何提高团队成员的风险意识的?请举例说明。

- 请谈谈你在风险管理方面经历过的一次失败，当时的情况如何？你是如何处理的？
- 请问你是如何看待工作中各种潜在风险的？请举一个具体的事例来说明。
- 高收益意味着高风险，请谈谈你在工作中是如何权衡这两者的关系的？举一个具体的事例说明。
- 在企业的成长阶段，发展和风险常常会是一对突出的矛盾，请回忆一下你在这方面遇到的最大的挑战，当时你是如何处理的？

## 流程管理

### 定义

**流程管理**（process management）是指帮助企业管理和优化业务流程，并从优化的业务流程中创造更多的效益。

### 行为指标

- 善于指出过程的必要性，以完成要做的事情。
- 知道怎样去分离和协作工作，以便形成有效的工作流程。
- 知道衡量流程绩效的标准。
- 简化复杂的流程。
- 能够从少量资源中获得更多的收益。

## 行为面试题目

- 请讲一件你在流程控制方面做得最成功的事。
- 请回忆一个你为提升工作效率,主动对业务流程进行改变和完善的例子。
- 流程再造对于提升效率有很大的帮助,请讲一件你在这方面所做的工作。
- 有很多业务流程非常繁琐,请讲一个你化繁为简,改变旧有流程,使工作效率提升的例子。
- 请讲讲你是如何推动一个新的业务流程的,遇到过哪些困难?如何克服的?
- 请谈谈你在改进业务流程、提升工作效率方面遇到的最大的挑战是什么,当时你是如何处理的?

# 第五章

# 行为面试的主持

　　人容易选择与自己相似的人,因此安排面试官要确保其能发现你想招的人。

——瑞·达利欧

## 行为面试开始前的准备

### 👉 行为面试评价者的培训

在企业中，面试通常是由负责招聘的人力资源工作者和各级管理人员来主持。他们从自己的工作实践中不断总结出面试的技巧，随着面试过的人数的增加，选人的准确性也逐步提高。

但是，有研究认为管理者面试选人的成功率不高。从企业用人的需要来看，这个数字远低于管理者的期望。之所以成功率不高，是因为面试者在评判人的时候，主要依靠自己的主观感觉，而缺少能够用来参照的准确的岗位胜任力模型，缺少一套系统、科学的评价方法和流程。并且，对于那些通过面试录用到工作岗位的人员，也很少去做一些跟踪，以检验自己面试的有效性，这就失去了进一步提升面试准确性的机会。

如果是经过培训的专业人员采用行为面试的方式来主持面试，面试的效度系数就能够接近0.5，远高于一般企业主管面试的成功率。即使是一些没有太多企业工作经验的专业工作人员，如果具有人才测评或心理学的专业背景，若是采用了行为面试的技巧和方法，也能够达到面试的较佳效果。这其中起关键作用的一个因素是专业的培训和训练。没有经过训练的面试主持人与经过专业训练的面试主持人，对比效果的差异非常明显。

行为面试最主要的原理是通过收集应聘者过去的行为信息，来预测其将来的业绩表现。如果没有经过训练，面试的主持人很难在现场收集到足够多的有效行为信息。

下面列举的是一些企业面试人员经常会问到的面试问题：

- 请简要地谈谈你自己。
- 你觉得你最大的优点是什么？
- 你觉得你最大的弱点是什么？
- 你的期望待遇是多少？
- 为什么你值得我们雇用你呢？
- 你最近找工作时曾面试过哪些工作？应征过什么职位？结果如何？
- 你找工作时最在乎的是什么？请谈一下你理想中的工作。
- 为什么想离开目前的工作？

……

没有经过培训的面试主持人，从上述问题中得到的信息往往都是一些理论性的答案。当问到对方的长处时，得到的回答很可能是：做事责任心强，乐于助人等。那么到底其可信度有多少，很难评判。很多时候，一位在会议中经常迟到的人仍然可以大言不惭地说自己责任心强。

在非行为化的面试过程中，招聘决策实际上是依据应聘者在面试现场的反应做出的，而现场的反应并不一定代表其实际的素质水平。有些应聘者回答问题较为流畅，显得自信，反应也比较快，面试者可能就认为这个应聘者比较优秀。但实际上，他们在面试中给你留下的这些印象，与他们在平时工作中的表现并不一定是一致的。

如何更好地获得应聘者平时表现的信息，必须运用一套科学系统的评判方法，而这需要通过培训来获得。

## 专业知识方面的培训

要成为一名优秀的行为面试主持人,需要对人才测评和心理测量的专业知识有较好的了解,掌握行为面试的理论体系和操作技能。面试是为了了解应聘者的素质与岗位要求的匹配度,面试评价者必须非常熟悉岗位胜任力模型方面的知识,以及掌握依据胜任力模型进行提问的技巧。

岗位胜任力模型已经是人力资源领域耳熟能详的概念,但实际上,在人力资源管理实践中,并没有很多人能将之很好地应用。

有一位企业的招聘主管,一度对自己的面试能力非常自信,但有一次连续为用人部门招聘了三个行政助理,用人部门都不满意,并且,均不到半个月就被辞退了,原因是这几个人的沟通能力都不符合他们的要求。实际上,在面试过程中,她也专门考核了这几位应聘者的沟通能力,自己感觉非常不错,才推荐录用。因而,她对到底怎样通过面试来考查应聘者的沟通能力感到困惑。

经过进一步的了解,我们发现用人部门总是将新来的人与刚离职的小王进行比较:小王很容易做好的事,新上岗的人员却很难完成。因此,我们建议这位招聘主管与用人部门的经理沟通,详细了解:离职的小王在沟通过程中有哪些行为表现?新来的人又有哪些行为表现?然后,在面试的时候,以小王的行为表现作为标准参照,收集应聘人员过去经历中与小王相似的行为信息,以此对应聘者的沟通能力进行评价。

其实，这是一个典型的应用胜任力模型的事例。沟通能力对许多岗位来说都是比较重要的素质，面试评价者虽然非常希望通过面试考查应聘者是否具备较好的沟通能力，但往往对沟通能力的具体定义和行为表现缺乏详细的界定。

案例中的招聘主管把沟通能力理解成了表达能力，即能够把事情清楚地说出来，以使别人了解他的能力。而用人部门对沟通能力的要求则可能是，不仅要能够把事情说清楚，更重要的是还要能通过沟通与别人维持一种良好的关系，可以说服别人改变一些行为。

作为行为面试的主持人，在主持行为面试的过程中考查应聘者的沟通能力时，必须非常熟悉沟通能力的具体定义、具体的行为表现以及能力的等级等，这样在面试的过程中才能更准确地对候选人的情况进行判断。通过面试过程中的提问，主持人需要不断地做出判断，判断是否获得了正确的行为信息，是否获得了足够数量的信息，这些信息是否能够对应聘者的沟通能力给予足够的证据支持。

**沟通技巧方面的培训**

对于行为面试的主持者来说，沟通技巧显得更加重要。因为我们希望了解应聘者的行为信息，但是这些信息并不是一些简单的事例，而是应聘者在事例中的具体行为表现。由于各种因素的影响，设法让应聘者完整地提供所需要的信息本身就是一个挑战。这一过程需要主持人具有较强的沟通技巧。

这里我们主要介绍两种沟通技巧：提问和倾听。

**提问**　与主持各种类型的其他面试一样，主持行为面试必须有良好的表达能力。除了主持面试过程中的那些追问技巧，最基本的要求是要把问题表述得清楚、简洁、易于理解。在面试过程中，如果面试主持人的音量太小，或者对问题的表述不够清晰明确，可能会使应聘者需要不断地确认问题。应聘者参加面试本来心理上就有一些紧张的情绪，如果总是听不清主持人的提问，那么他的注意力多半就会转移到听问题上，这就会导致他无暇去回忆和讲述其过去的事例了。

可以通过有经验的面试主持者事后对主持效果的反馈，让主持者结合反馈意见，通过不断的实践来进行模拟练习，有意识地去锻炼自己以清晰而洪亮的声音来进行提问。

**倾听** 除了提问之外，倾听对于行为面试的主持者来说也非常重要。因为在面试过程中，必须保证70%以上的时间在听应聘者讲述具体的行为事例。

在主持面试时，有这样一个现象：有的面试官属于具有行动思维特点的人，往往他说话的过程就是思考的过程。当应聘者的某一句回答引起了他的疑问之后，他可能立刻就想到了另一个问题，接着就脱口而出。这时应聘者不得不回答新问题，而原来的问题还没有讲完整就被打断了。

要主持好行为面试，必须进行倾听训练，要学会用自我意识来调控自己，把握提问的节奏，把大部分的时间留给应聘者。这样既能保证面试官获得更多的信息，同时也为应聘者创造了无拘无束的感觉，便于其讲出内容更加具体和丰富的事例。虽然由于人的个体差异，对于一些人来说，倾听的沟通技巧很难培养，不过经过有意识的训练，还是可以逐渐形成这种习惯的。

## 行为举止方面的培训

鉴于面试主持者的重要角色，其一言一行都会对应聘者产生很大的影响。因此，作为行为面试的主持人，言行举止的自我控制非常重要。许多人才测评的专业工作者都是硕士或博士，并不都是年龄较大或资历很深的人员，但其测评对象的年龄却可能比他们大得多。这种情况下，如何树立面试官在应聘者面前的威信是非常重要的。除了科学系统的测评方法之外，面试官的言行举止是非常重要的一个方面。如果面试官举止不得当，势必会对测评的效果产生影响。

"严肃、认真、专业、职业"是面试官必须具备的素质。人才测评工作有其特殊性，其工作成果不仅影响企业人才的使用，还影响着每一个应聘者的职位升迁和职业生涯。必须有一种"如履薄冰、如临深渊、谨小慎微"的态度，因为任何的疏忽和闪失所造成的影响都会很大。

在主持面试的过程中，过于随意必然会分散面试官的精力。面试官在从事测评施测工作期间，不宜做任何与工作无关的事情，应始终保持严肃认真的态度。同时，还必须体现专业和职业素养。比如，在测评结果还没有完全出来之前，不能随意评价应聘者的表现，尤其不能当着应聘者的面评价应聘者的表现；着装要规范；坐姿必须端正等。现实中，主持面试前、主持过程中以及主持结束之后，都应该有一套系统的行为规范体系，对所有准备担任行为面试主持的评价者进行培训和指引。

 **面试过程的组织**

"我参加过许多次面试，贵单位的面试是我参加过的最正式的一次。无论能否应聘成功，我都觉得这是一次让我很有收获的面试！"

这是笔者让应聘者总结其面试体会时听到的最多的话。应聘者为什么会有这种感觉呢？除了科学、系统和专业的测评工具和测评方法外，规范、严谨的测评组织工作也起着不可或缺的作用。

但现实中，大多数企业的面试往往是一种比较随意的面试。下面的事例中，小王的经历是非常典型的。

### 我刚回国一个月的求职经历

我怀揣悉尼大学的 MBA 学位证书，准备在国内找一个理想的工作单位。于是我摩拳擦掌，积极准备，准备全力应战即将到来的每一场面试。不久，我便接到了某公司的通知，要求上午9点到达该公司参加面试。我提前10分钟到了指定地点，被告知需要在大厅等候。发现同时等候的还有另外一位女士。过了5分钟，一位助理通知那位女士进了一个办公室。继续等候，15分钟后，那位女士出来了。我被通知进去，见到一位看起来比自己还年轻的小姐坐在那里。这位小姐连基本的寒暄都没有，接着就是问一些面试的问题，比如"介绍一下自己"、"为什么离职"、"为什么想应聘本公司"、"职业如何规划"之类，大约10多分钟后面试便结束了。从面试的公司走出来时，觉得一上午好像是自己全力打出的一拳落在了棉花上，没有一点儿感觉。

后来又参加了几个类似的面试，都给人一种淡而无味的感觉，于是找工作的激情一下子冷了下来……

---

许多企业的人力资源招聘工作者总是感觉在招聘中难以筛选到合适的人才，面试的人多了，面试主持人也感觉疲惫，常会慨叹"伯乐常在，而千里马难寻"。

其实，如何通过组织面试，给应聘者营造一个良好的展示其能力和素质的舞台是非常重要的。通过对面试过程的各个环节细致地组织，不仅能够提高企业的形象，激发应聘者更强烈的加入企业的动机；更重要的是能让优秀者有机会在企业营造的这个测评舞台上尽可能地展现自己的才能，在强手如林的环境下脱颖而出。这一方面使企业不会漏掉那些才能卓越的"大鱼"；另一方面，也抬高了人才的门槛，避免使那些不太符合企业需要的人员进入企业。

### 面试前的通知及说明

根据多年主持面试的经验，如果应聘者参加面试之前能够对行为面试有一些了解，会更有助于其取得较好的面试效果。因为行为面试关注于从应聘者过去经历的一些事例中来挖掘应聘者的行为表现。如果应聘者没有做好心理准备，那么在突然被问到类似的问题时可能会无所适从。

下面以一个行为面试的问题来说明此类情形。

"请讲述你在说服代理商接受你的渠道政策过程中遇到较大困难

的一次经历,你是如何克服所面临的困难的?"

如果应聘者没有事先准备,突然听到这个问题,他可能会由于不适应或者有所避讳而不能讲述这样的事例。他们常常会说:"好像没有什么困难的事,都挺顺利的。"

其实在现实的生活和工作中,要做好一些事情,不可能没有一些挑战性。而面试主持人正是希望获取应聘者面对挑战时所表现出来的行为信息,如果应聘者都只是这样来回答,就无法达到我们运用行为面试的目的。

因此,在行为面试之前,除了以非常正式的方式通知应聘者参加面试的时间和地点以外,在应聘者到达现场以后,还应该设置一个环节来告知应聘者我们面试的形式。以下是笔者面试前向应聘者所作说明的样例。

"大家好!欢迎大家来参加××公司的面试。我们这次面试采用的是行为面试的方法,面试时大部分问题是要求讲述你过去经历的一些事例。回答这些问题不会有太大的困难,不过需要你回忆一下你过去职业经历中做过的事情,以便更准确地回答我们的问题。为了更具体、准确地了解事例的全貌,我们会根据需要做进一步的追问。实事求是地回答对你是最有利的,也是最方便的。我们会对你所讲的事例进行保密,不会向外扩散,这一点请大家放心。"

经过这样的解释说明,应聘者对面试有了一些了解,就可以充分回忆一下自己过去的经历,提前对自己的经历做一些回顾,更有利于在面试过程中把主持人需要的信息有效、准确地讲述出来。

**行为面试中评价者的数量**

就像上文中提到的小王面试的例子一样，许多企业主持招聘时并不太在意评价者的数量，常常只是一两个人作为评价者来进行面试。企业往往强调面试的次数，招聘一个岗位人员会让应聘者接受三级面试。所谓的三级面试，第一关是人力资源部的招聘专员或招聘主管进行面试，第二关是用人部门的主管主持面试，第三关的评价者则是用人部门更高级的主管，如总监或部门总经理。过了这三关，应聘者才算完成了漫长的面试程序，才可以收到录用决策。

俗话说，"三个臭皮匠，赛过诸葛亮"，这句话在一定意义上反映了对行为面试中评价者数量的安排思想。笔者建议在进行行为面试时，最好采用三个或三个以上的人员对一位应聘者进行评价，其中一位担任面试主评价者，来主持面试。当然，能够担任行为面试评价者工作的人不应该是"臭皮匠"，一定不能是能力太弱或资历太浅的人，而必须经过专业的培训和训练。毕竟对人员的观察测评是非常有挑战性的工作，能力太弱不能担此重任。

行为面试的准确性更主要是来自专业、科学的方法，行为面试的评价者需要具备一定的识人眼力，需要具有一定的专业素养，尤其重要的是，要能够正确、有效地运用行为面试的方法。至于每一位行为面试官是不是都能够像曾国藩一样具有识人的慧眼，却不一定。即使识人能力很强的人作为行为面试的评价者，如果使用的方法或者评价的尺度不统一，行为面试的最终效果也不一定好。那就是"三个诸葛亮,变成臭皮匠"了。

研究表明,行为面试评价者的责任心和是否接受过专业的行为面试培训,会在很大程度上影响行为面试的效果。从行为面试的有效性上说,责任心和专业精神是胜任行为面试评价者的决定因素。

在挑选合格的面试评价者后,剩下的一项重要工作就是如何统一判断标准和评分标准了。行为面试评价者通过接受培训和相互的交流与沟通,应达到对拟招聘岗位的胜任力模型的熟练掌握,包括各项胜任力的操作定义、评价等级等。判断过程中要做到完全以事实为依据,避免主观猜测。打分过程中要掌握统一的标准,如果判断准了,标准不统一,当将三位评价者的分数合成统计的时候,会产生很大的误差。

总的来说,面试评价者之所以要求最好三人以上,是为了保证行为面试的信度,也就是面试测评结果的可靠性程度。具体的计算方法是在面试结束之后,用统计学的方法来检验三位行为面试评价者的评分的相关性,如果三位评价者测评结果分数的相关达到0.8以上,我们就认为这些分数是可信的。

### 行为面试的时间和顺序

在完全不了解应聘者的情况下,识别和选拔人才是一种非常有挑战性的工作。研究表明,最有效的测评方法如评价中心技术,其效度也只是在0.6左右。面试作为一种测评手段,如果没有科学、系统的设计和组织,其效度会低于这个数值。

**面试时间** 对一位应聘者的面试时间如果少于30分钟,就很难准确地测查应聘者的能力水平。像前面提到的小王参加面试的企业，每个人的面试时间只有15分钟，得到的信息也就是最表面的信息，而真正重要的各项胜任力素质以及个性特点，很难在那么短的时间里去清晰地了解和把握。在这种情况下所做的判断主要依靠面试评价者的主观感觉，但主观感觉是无法代替岗位胜任力素质的。而且在那种环境下，应聘者的态度也已经发生改变，其加入公司的愿望受到影响，很可能就不会投入地来展现自己的才能。

获取应聘者大量的行为表现是行为面试的特殊性所在，这些行为表现的信息就存在于应聘者所叙述的其过去经历的事件中。讲述行为事件会比回答其他理论性的问题要花费更多的时间，应聘者需要把事件的起因、经过和结果讲清楚。在这种情况下，每位应聘者参加行为面试的时间至少不能低于30分钟。如果时间较为充足，应该把每位应聘者接受行为面试的时间定在40分钟以上才会比较合适。不过时间的确定和安排还要视人才选拔的实际需要而定。对于非常重要的岗位人员的面试，如果缺少其他测评手段的补充，应把行为面试的时间增加到1小时以上。

**面试顺序**　在企业实际的面试工作中，偶尔会有单个的应聘者来面试，但是考虑到时间成本，大部分情况是同一天预约多个应聘者来参加面试。这样，对应聘者参加面试的顺序应该进行有序的安排。如果让应聘者等待，可能会浪费他们的时间，耽误其他的安排，而且企业的组织工作会给应聘者留下一个不够严谨和规范的印象，如前文中提到的小王所参加的面试。面试组织中的这些细节问题如果考虑不周全，必然会影响到应聘者的心理状态，进而影响到面试的效果。

在对应聘者进行面试安排的时候,有一个原则是:尽量不让应聘者无所事事地等候,要充分利用好应聘者的时间。做到这一点,就需要严格控制每一位应聘者参加面试的时间。在通知应聘者面试的时候,重点强调不要迟到,至少要在正式开始面试之前提前10分钟到达现场;同时,面试评价者也要注意把握好每一位应聘者限定的面试时间,避免打乱面试的顺序安排。

在人才测评的选拔工作中,有时候可以把面试与笔试结合起来做。在等候面试的时候进行笔试,使两种活动穿插进行,这样既充分利用了应聘者的时间,提高了效率,也给应聘者一种严谨的感觉。

某企业高级管理人才招聘测试时间安排(见表5-1和表5-2)。

表 5-1　上午测试时间安排

| 人员 | 情景模拟 | 行为面试 | 笔试时间 |
| --- | --- | --- | --- |
| 1 | 08:30 — 08:45 | 08:45 — 09:25 | 09:30 — 11:30 |
| 2 | 09:25 — 09:40 | 09:40 — 10:20 | 08:30 — 09:25 |
|   |   |   | 10:20 — 11:25 |
| 3 | 10:30 — 10:45 | 10:45 — 11:25 | 08:30 — 10:30 |
| 4 | 11:30 — 11:45 | 11:45 — 12:25 | 09:30 — 11:30 |

表 5-2　下午测试时间安排

| 人员 | 情景模拟 | 行为面试 | 笔试时间 |
| --- | --- | --- | --- |
| 1 | 14:00 — 14:15 | 14:15 — 14:55 | 15:00 — 17:00 |
| 2 | 14:55 — 15:10 | 15:10 — 15:50 | 14:00 — 14:55 |
|   |   |   | 15:50 — 16:55 |
| 3 | 16:00 — 16:15 | 16:15 — 16:55 | 14:00 — 16:00 |
| 4 | 17:00 — 17:15 | 17:15 — 17:55 |   |
| 5 | 17:55 — 18:10 | 18:10 — 18:50 | 15:00 — 17:00 |

在上述表5-1和表5-2安排中，每位应聘者均一次参加三项测评内容。上午可以通知前三位应聘者8：30之前到场，另一位通知9：30之前到场。下午通知前三位应聘者14：00之前到场，另两位15：00之前到场。一位应聘者参加情景模拟测试或行为面试的同时，其他应聘者在进行笔试。通过上述安排，使每位应聘者等候的时间最短，并充分利用应聘者的时间，显得紧凑有序。

### ☞ 行为面试现场的布置

每个企业的办公环境都不一样，有些企业业务与规模不断扩展，其办公场所往往会比较紧张，会议室常常容易被占用。在面试之前，确认和落实面试场所就显得更加重要。

一般来说，在正式测评开始之前，准备和确认考场是人才测评工作必不可少的一个环节。

**行为面试的环境**

参加行为面试对应聘者来说是一项挑战，从某种意义上说比平时工作中所遇到的挑战要更大一些，需要集中精力去应对，因此行为面试的环境应该本着让应聘者感到舒适的原则来设计，要使整个面试环境舒适、适宜、整洁、干净。

- **布置舒适的座位**。不要让应聘者坐活动椅，以使其能够坐稳。应聘者面前最好放一张桌子，把应聘者与面试评价者隔开，同时让应聘者与面试评价者保持一定的距离，这样会让应聘者感到舒服一些。

- **适宜的光线和温度**。测评室的光线太暗或太亮都会让受测者感觉不舒服。如果气温在30℃以上,测评室又没有空调,应聘者就会不适应。一般来说,应聘者面对被评价的场面时总会有些紧张,如果气温很高,有些爱出汗的应聘者可能光顾擦汗而无暇顾及面试了。同样,如果是在冬天,测评室里温度很低,或者即使在夏天,测评室里温度很低,都会让受测者把注意力转移到对温度的适应上,而分散了对面试的投入度。
- **周围环境要安静**。如果在测评过程中突然响起装修办公楼而产生的电钻声,或者办公楼周围娱乐场所发出的音乐声,这时应聘者的说话声彻底被淹没在噪声中了,这会影响应聘者的发挥。
- **在应聘者面前的桌上准备一些必要的用品,比如纸、笔、纸巾等**。有一个事例能够充分说明为应聘者准备纸巾的必要性。因为行为面试中大多要求应聘者讲述其过去经历中的事情。有一次笔者让一位女士讲述其过去经历中克服困难,终于完成了一个非常难以实现的工作目标的经历。该女士讲述了她为了实现目标,如何克服自己身体上的、家庭上的困难,讲到动情处,禁不住流下了眼泪。这时为其提供纸巾,让其舒缓一下情绪再进行后面的提问是比较妥当的。

### 行为面试中应聘者和评价者的位置安排

在行为面试中,应聘者和评价者的位置安排方式不同,应聘者产生的压力感也不一样。我们在主持行为面试的时候,倾向于给应聘者一定的压力感,而不愿意使行为面试变成像日常生活中的聊天一样。

因此，我们通常在行为面试中采用如下方式的位置排列（见图5-1）：

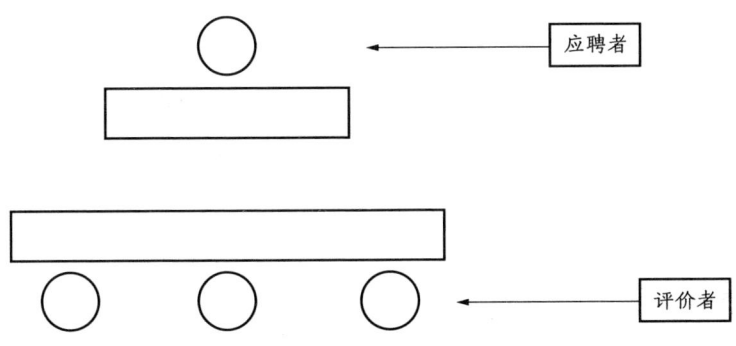

图 5-1　行为面试中的座位安排

图5-1的布置中一般包括：三张两人座条形桌，其中两张是面试评价者席，一张为应聘人员坐席；面试评价者席与应聘者相距约2米左右；桌子最好均用台布遮住，应聘者桌子上面放一些白纸、笔和面巾纸等；房间大小以20平米左右为宜，通常是小型会议室。

在企业实际操作行为面试时，也可以采用相对比较轻松的位置安排方式，如评价者和候选人的位置角度为90度。

## 行为面试的过程

### ☞ 行为面试的开场白

面试的开场白是非常重要的，开场白的指导语给整个面试过程的气氛定下了一个基调。

作为行为面试的主持人，从面试一开始就应该控制整个面试的氛围,既不能使应聘者过于紧张以致影响其表达,也不应该让应聘者处在过于轻松的状态。

如何通过开场白为整场面试定下一个理想的气氛基调呢?这需要使用一套完善、准确的指导语。实际上,在应聘者进入面试室之前,关于如何进行面试已经向应聘者做过说明,让他们对面试的方法和特点有一定的了解。现在只是需要以非常正式的方式把面试方法和特点再做一些说明。主评价者按照事先准备的简明指导语,准确而清晰地向应聘者宣读一遍。在面试室的指导语一般是这样的:

"你好!请坐,欢迎你来参加今天的面试。我们会提出一些问题,请你尽量以过去经历当中的事例来回答,在回答问题的过程中请注意简明扼要,抓住要点。回答问题前可以想一想再回答,我们会根据需要对你的回答进行一些追问。如果没有听清楚问题,可以让我们再重复一遍。对于你回答的内容,我们会替你保密,这也是我们的职业操守。你准备好了吗?……好,我们现在开始。"

### 提问

在一次人才测评面试的培训课中,一位学员问道:"行为面试的问题是应该按照写好的题目读给应聘者,还是可以灵活一些来提问?"

这是一个涉及面试结构化的问题。按照结构化的方式提问,把问题一字一句地读给应聘者,使应聘者感到这种面试的严肃性,减少太过随意的态度,同时减少面试过程中无关因素的影响,能够更好地比较不同应聘者的表现。提问的问题都一样,而应聘者的表现却不同,这会便于面试评价者进行比较和判断。一些研究的结果显示,结构化面试比非结构化面试的效果要好得多。

在行为面试中,设计的问题一般是结构化的。在行为面试的现场实施之前,已经根据应聘岗位的胜任力模型形成了结构化的问题,一般来说,每一个胜任力都有相应的问题来对应。但是,我们并不建议在提问过程中采用完全结构化的提问方式,即仅仅把问题一字一句地读出来,而不再进行灵活的追问。

**应该提什么样的问题**

曾经有一位销售总监向笔者谈到一次失败的招聘经历。他计划招聘一位销售经理,负责公司大东北区的销售工作。面试十多位应聘者以后,终于有一位应聘者让他眼睛为之一亮。这位应聘者滔滔不绝的谈吐表现出饱满的热情,并且对销售工作非常熟悉,有很多具有说服力的看法,这征服了销售总监,于是就予以录用了。可6个月后,这位新上任的销售经理根本没有制定有效的销售计划,也不能有效地组织有力的销售攻势,每天只是自己跑出去拜访客户,其他的销售人员在她的领导下无所适从。眼见市场占有率下降,甚至整个地区的市场秩序都被扰乱了,销售总监最终不得不辞掉了这位新上任的销售经理。

笔者询问这位销售总监在面试过程中所问的一些问题,了解到他所问的问题基本是:

"你从事过哪些产品的销售工作?"

"你为什么愿意应聘我们这个部门?"

"你认为XX产品的销售有哪些特点?如何才能做好这一类产品的销售工作?"

"如何才能调动下属的工作积极性,努力开展销售工作?"

"针对东北市场的销售现状,你认为下一步该怎么做?"

……

一个好的销售人员,由于其工作的特点,经常需要应对客户的提问,沟通与表达是其长项,因此通常能够把上述问题回答得很好。但是,在实际工作中是如何做的,特别是其做法是否符合销售经理的要求,通过这些问题却很难看出来。

行为面试的方法之所以有效,是因为行为面试不会问"你会怎么去做"或者"你认为应该如何去做",而是"请告诉我们你……的一次经历",让应聘者讲述与目标职位相关的一些行为事件,并且会通过追问来了解应聘者在做这件事情的过程中的一些细节,包括当时的动机、应聘者自身的角色、当时的思考过程和心理感受等。

对应聘者来说,接受行为面试有一个进入状态的过程,可能在面试的初始阶段还不太适应如何去回忆自己过去的经历。那么,这时提问的问题最好是其过去经历中最近发生的一件事。如"请谈一件你最近6个月里解决的一个技术上的难题"。如果其工作经历中发生过此类事件,他会记得比较清楚,也容易说出来。但在此时,不太适应行为面试的应聘者可能只会泛泛而谈一件事情的大概,这样就需要通过进一步追问的方式来获取事件的细节。有一个样例使应聘者逐渐进入状态，整个行为面试就容易展开了。

**开放式问题和追踪式问题**

行为面试中的问题大致有两种类型：开放式问题和追踪式问题。开放式问题是在行为面试之前提前准备好的结构化面试题目。在实际主持行为面试的过程中，主持人根据挖掘行为信息的需要来灵活运用开放式问题和追踪式问题。

在进行行为面试时，通常以一个开放式的行为问题来引出应聘者对一个行为事件的描述。比如："请谈一次你付出努力将一个凝聚力不太理想的团队建设成团结、进步的团队的经历。"应聘者对这个问题的回答可能表现出不同的特点。有的人不用多提示和引导，就会把问题讲得很具体，而有的人则可能根本不讲事件本身，只是谈自己对不理想的团队进行改造的一些做法。这时，你不得不使用追踪式问题，"你是否有过类似的经历？"应聘者可能会想一想，之后的回答可能还不理想："我曾经带领过许多精英团队，虽然这些团队起初并不都是很糟，但经过我的努力，都取得了很好的团队业绩。"此时你还没有得到应聘者关于事件的具体描述，你不得不进一步追问："请谈一个印象最深的经历。"应聘者这时可能会想一想，然后开始陈述一个具体的事例。而作为行为面试来讲，直到这时才开始获得对我们有用的信息。在具体陈述事例的过程中，主持人仍然需要使用追踪式的问题，来获取更多具体的细节。

## 行为面试中的 STAR 模型

行为面试的主要目的,是通过开放式问题和追踪式问题获取应聘者过去经历中的行为信息。那么到底收集多少信息,或者收集到什么程度,才能使我们确定已经掌握了足够的信息量,以及使我们确信自己掌握的信息是准确的,而不是应聘者为了迎合面试评价者而瞎编的呢?其中的关键点是,需要确认应聘者所回答的都是关键行为事件的细节,这样才能有助于了解应聘者在关键事件上的行为表现。有以下几个标准来帮我们判断获得的信息是否已经足够。

- 是否已经了解应聘者所说的环境?他采取了什么行动?后果是什么?
- 是否已经获得了主要的细节,比如大致的日期、数量、参与的人员等?
- 是否已经能够想象出应聘者如何做事的?
- 是否能够想象,如果应聘者上岗以后,能否完成岗位要求的事情?

在实际的面试中,面试主持人常有一种"抓不住"应聘者的感觉,因为有些应聘者的回答总是不符合面试主持人的期望。他们常常偏离行为面试的跑道,进行一些理论性的陈述;或者陈述"他应该做的事情",而不是"他做过了的事情";或者描述的事例很不明确,让人觉得好像是他自己做的,又似乎是别人做的。应聘者的发挥如同一头脱了缰的野牛,尽管面试主持人努力控制面试的进程，但往往还是难以引导应聘者说出其中的关键信息。这种情况是初期主持行为面试的人常常遇到的。改变这种局面的一个经典的做法是使用面试主持中的STAR模型。

## STAR 模型

STAR是四个英文单词各自首字母的缩写，分别是Situation（情境）、Target（目标）、Action（行动）、Result（结果），这四个单词代表了我们在主持行为面试时提问的四个方向，是对应聘者所回答的行为事件的具体性进行考查的框架。当我们以一个开放式的问题提问时，如"你努力说服他人接受你的观点的一次经历"，应聘者的讲述可能会不够具体，甚至根本没有谈论事件本身的内容。这时，你可以使用STAR模型的提问方式进行进一步的追问。

下面是一个面试银行客户经理的例子。

主持人："请描述你努力说服他人接受你的观点的一次经历。"

应聘者："我经常说服我的客户购买我们银行的理财产品，客户都很信任我。"

主持人："既然这样的事例很多，你能不能谈其中一个让你感到最有成就感的事例？"

应聘者："我想一想，我曾经说服一个刚刚投诉过我们银行的中年女性购买了我们30万的银行理财产品……"

提问至此，主持人只是大概知道了应聘者所要讲述的事例，但这位客户经理具体有哪些行为表现，所说是否属实，则很难去把握，这时主持人需要继续深入提问，可以应用STAR模型来进一步地追问，以达到对事件的具体细节的了解。

第一步，我们可以针对S来追问，即了解该事件当时发生的背景。

主持人："这件事情发生的背景是什么？当时有哪些具体情况？"

应聘者："那时我在我行营业厅做大堂经理，主要是为那些到银行营业厅办业务的客户提供一些咨询指导服务。当时3号柜台的一位顾客对柜员大声嚷嚷起来，骂柜员效率低，服务态度不好。周围的人劝说她也不听，非要找领导投诉，并且说的话非常难听。我听到以后，马上走过去，准备处理此事。"

通过针对S（situation）的提问，主持人了解到了这件事情发生的背景，知道了这件事情的难度水平。通过这一提问，了解到具体情况是顾客对银行的工作已经非常不满意，并且情绪失控，有不文明的言语。这样就使得我们对这位客户经理需要去面对和处理的问题的难度有了非常明确的认识。

第二步，我们需要了解的是，应聘者在这种情况下想要达到什么样的结果，即其行为的目标是什么，也即STAR模型中的T（target），那么继续的提问则是：

主持人："当你跟这位顾客沟通时，想要达到什么样的目的？"

应聘者："当时我是大堂经理，有责任处理客户的投诉。发生了这种情况，我第一个想法就是平息客户的怨气，使客户的需求得到满足，避免对我行的不良影响。"

第二步的提问使主持人了解到这位客户经理当时做这件事情的动机和目标，使我们对他做事的愿望有了一定的了解，也更有利于我们了解其接下来的行为与这一目标和动机的一致性。

第三步，还要了解这位客户经理为了达到这样的目标和动机，采取了什么样的行动，即STAR模型中的action。主持人继续提问。

主持人："当时你是怎么想的？又做了些什么？能不能具体地讲一讲？"

应聘者："当时我为了使她的情绪稳定下来，做了这样几件事：首先我向她介绍我是大堂经理，专门负责解决大家的疑难问题。当她提出了她的不满时，我认真地听她说，等她说完了，我首先表示我听明白了。我说：'你先跟我来贵宾室，咱们一起商量一下。'她跟我到贵宾室后，我给她倒了杯茶水，她就开始说她的问题。原来她办理取款业务时，有一张卡她自己忘了密码，接连输入三次都不对，到第四次的时候就不让输入了，必须办理挂失。她抱怨前台柜员没有及时提醒她，使她不能及时取出钱来，影响了她用钱。"

主持人："然后你是怎么做的？"

应聘者："她这个问题确实不好办了，按照规定，密码输入三次就必须挂失了。我首先表示道歉，我们没有及时提醒，影响她用钱了。我想了解她用钱做什么，她说要买基金。我了解到她对投资知道的不多，正好是我可以帮上她的地方，并且还可以向她介绍我行的基金和理财产品。于是就开始了解她的需求，并介绍家庭投资的方式，买基金的时机以及利弊分析。我用我们行的各个产品来举例，说到在我们行买了理财产品的人收益不小。谈着谈着,她对我说的话越来越有兴趣了。"

第三步的提问使主持人了解到应聘者为了达到预期的目标所采取的一些具体行动,比如:倾听、认可对方的说法,引导、提供帮助和指引,了解对方的需求及想法,为对方提供无私帮助,转移对方注意力等等。这些行为都是在说服对方过程中不可缺少的,说服对方的基础是与对方建立良好的关系,而当事人的行为习惯和做事方式对建立什么样的关系起着关键作用。所以了解到这些行为表现,对于评价应聘者是否具备相应的素质是非常重要的。

第四步,了解应聘者行为的结果,即 STAR 中的 R(result),主持人继续提问。

主持人:"最后的结果怎么样?"

应聘者:"经过沟通,那位顾客的抵触情绪渐渐淡化了,语气也缓和了很多,而且好像对我说的话越来越有兴趣。我其实已经了解到了她的需求,就开始转守为攻了,想看看她是否愿意买我们银行的产品。结果她不仅不再想着投诉我们,还一下买了30万的银行理财产品,并点名要求我做她的理财顾问。"

这样,经过连续四步的提问,我们就全面地了解了这件事情的经过,对应聘者在该事件当中表现出的素质就有了清晰、全面的认识。

## STAR 模型帮助获得完整信息

即使我们在面试时采用了行为面试的问题，但由于不同应聘者各具特点，所回答的问题并不会完全如我们所期望的那样。比如，一个问题提出来之后，获得的多是不够完整的信息，常常是不全面的STAR。下面的案例即是我们在面试中常常会遇见的。

有一次，我们向一位应聘者提问这样一个问题："请讲述在过去经历中，你克服重重阻力，努力改变落后局面的一次经历。"这位应聘者在面试中这样讲述：

"我刚到（房地产）公司的销售部上任的时候，业务代表之间的矛盾很严重，相互之间钩心斗角，抢单、诋毁他人的事情时有发生，并且还发生过一次业务代表之间的打架事件，销售工作的开展非常不顺利。我上任之后，把整个局面扭转了，将我们这个团队打造成了一个非常团结、高效的集体。"

从这个案例来看，应聘者回答的事例虽然是行为事例，但该行为事例是不完整的。该事例有完整的 S（业务代表之间矛盾很严重，相互之间钩心斗角，抢单、诋毁他人的事情时有发生）和 T（到新部门上任，扭转不利局面）。但是这一事例中没有 A，即"我做了哪些事情获得了成功"，也就是应聘者"为了改变这种局面采取了哪些具体的行为"这部分内容。而且，事例中的 R 部分也不具体，即对"团结、高效的集体"的具体体现描述得不够清楚。

对于一个不完整的行为事例，就要针对其不完整的部分进行追问。上例中就可以对 A 和具体的 R 进行再提问，比如：

"请谈谈你做了哪些事情使原来的局面有了改观？"
"你是怎么具体实施新的制度和流程的？"
"在实施过程中是否遇到一些阻力或挑战，你是如何处理的？"
"哪些关键的做法起了作用？"
"关键的转折点在哪里？"
"团结、高效体现在什么地方？有什么具体的事例可以说明？"

经过这些进一步的提问，我们就可以完整地了解应聘者的行为信息。

为了使我们更加充分地认识 STAR 模型在确认完整行为信息中的作用，下面提供在实际面试过程中获得的关于一些行为问题的答案，作为小练习。

---

大家可以看看这些答案是否符合我们的 STAR 模型。如果符合，请在后面的第一个括号里填上"Y"；如果不符合，则填上"N"；在第二个括号内填上缺少了 STAR 中的哪一项？

1. 请讲述说服他人接受你的观点的一次实际经历。

答：在遇到别人不同意我的观点的情况下，我通常会换一个角度来讲，或者通过讲述事实的方法，往往会有很好的效果。（　）（　　）

2. 请谈谈你所遇到的最难决策的一个事件。

答：去年夏天，我负责一个新业务项目的开发工作。当时，我最难以决策的事情就是如何准确地了解客户的真正需求。后来，我决定采用实地考察的方法来了解客户需求，并取得了出乎意料的效果。（　　）（　　）

**3. 你有过同时面临很多工作任务的经历吗？请讲述一个事例，谈谈你是如何度过那段时间的？**

答：2015年第三季度，我同时负责了三个项目。每个项目都有很强的时间限制，都很紧张，人手又少。当时我非常着急。经过自己的加班加点都无济于事时，我只好求助同事们私人性质的协助。先是向他们讲明任务的紧迫性，然后是请求支援。（　　）（　　）

**4. 很多情况下，需要获取他人的支持才能顺利推动一项工作。请讲述一次印象最深的类似经历。**

答：有一次，我想导入一个新的工作流程。对大家来说，这样的流程是完全陌生的，打破了原来的习惯，也会影响部分人的既得利益。我想来想去，决定请大家到一家采用该流程的单位参观，参观回来后进行了充分的研讨，重点向大家阐述了这样改革可能带来的益处是什么。后来，我的思想赢得了流程操作者们80%的支持，流程改革的实施工作也变得顺利起来。（　　）（　　）

**5. 请讲述你与他人一起克服合作中的困难，最终赢得合作成功的经历。**

答：去年，我和小王一起搞了个调研，我们合作得非常好，

相互支持，相互补充，最终赢得了领导的好评。（　）（　）

**6. 请谈谈你所经历的主动承担责任的事件。**

答：我觉得主动承担责任是一名员工应该做的事情，人人都应如此，一个单位才有希望。（　）（　）

**7. 请讲述你被人误解的一次经历，你是如何处理的？**

答：有一次我和同事一起完成了一个有难度的任务。上级领导主动找我了解成功的经验，我就向他做了汇报。另外一个同事误以为我把功劳归到了自己身上。从此，再遇到合作的事情就避开我。（　）（　）

**8. 请谈谈你主动控制自己的情绪，以免事情更加糟糕的经历。**

答：有一次，我面对一名顾客保持了镇静的头脑，没有把自己的不满表现在脸上和语言上。（　）（　）

**9. 请讲述你在业务上有钻研，体现在业务上比周围的人都要有权威和影响力的一个典型事例。**

答：上任之初，我对全公司的绩效管理一点也不了解。经过向其他同事请教，向书本学习，对此有了了解。现在做出的决定就有了针对性和可行性。比我早入公司的人也对我很信服。（　）（　）

**10. 请回忆由你主动发起的一次管理上的变革是如何开展的，其中遇到的最大困难是什么？你是如何解决的？**

答：客户关系管理系统的推动建立，有利于公司业务系统营销支持和过程管理及绩效考核。最大的困难是信息

的各方支持,最后通过各方协调和上级支持,问题终于得到解决。(　)(　)

练习参考答案:1.(N)(STAR);2.(N)(S);3.(N)(R);4.(Y);5.(N)(STA);6.(N)(STAR);7.(N)(TAR);8.(N)(SR);9.(Y);10.(N)(SA)。

采用 STAR 模型进行提问需要先经过一定的训练,才能使面试主持人逐渐养成这种结构化提问的习惯,这能够大大提高面试的效率。通过做上面的这些练习,我们能够体会到在实际面试中获得行为信息的难度,也有助于我们提高面试主持技巧。

## STAR 模型帮助辨别应聘者回答问题的真伪

经常有人会问:"如何避免面试中出现虚假的回答?"由于应聘者处于被评价的位置,他们希望通过面试获得目标职位,因而必然会想方设法地表现甚至夸大自己好的方面,极力掩盖自己的不足。比如,将别人的设计方案说成是自己做的,或将别人的行为事例说成是自己的,这就会影响整个面试的结果。STAR 模型运用于行为面试时,如果运用得好,能够帮助评价者辨别应聘者回答问题的真伪。

面试主持人可以针对 STAR 的不同方面进行提问,来辨别应聘者回答的真伪:

- **针对 STAR 中的 S 进行提问**。如:"领导为什么要你来管理销售部？""销售部都有哪些职责？""你当时为了做好销售部的工作都做了些什么准备？"

- **针对行为的任务提问**。如："你当时具体的任务是什么？""是谁给你定的目标或任务？""为什么给你定这样的目标？你当时是怎么想的？"
- **针对具体的行动和措施提问**。如："你当时是怎么做的？你当时为什么这么做？""你在其中担当了什么角色？其他人做了哪些事？""你当时最关键的举动是什么？改变了什么？"
- **针对最终的结果进行提问**。如："团队的哪些行为表现比以前有了大的改观？请讲出一个事例。""公司对你工作的结果的评价怎样？什么情况下作的评价？如何评价的？""你又是如何知道的？"
- **还可以针对过程中的挑战进行提问**。如："你在这个部门管理工作中遇到过什么样的挑战？你是如何处理的？""过程中最难处理的问题是什么？你是怎么处理的？"
- **针对过程中最成功之处或最失败之处进行提问**。如："你觉得在这个过程中最成功的地方在哪里？""你觉得回想起来，哪些地方做得不够好？"

通过采用这种具体的追问方式，面试主持人可以判断出应聘者所讲述的行为事例的真假。因为对于虚假的事例，应聘者很难详尽地说明事例中的每一个细节，进一步的提问会使该应聘者出现这样或那样的漏洞，或者无法详细具体地描述事件。在这种详细的提问攻势下，讲述虚假事件的应聘者往往难以招架。同时，如果应聘者对这些问题的回答都似是而非,可以据此推断,在这个过程中他亲自参与的程度不够,也就无法断定他是否具备这些相应的素质。

## 面试信息的收集与记录

在面试中,一些表面信息最容易进入面试评价者的视线,比如应聘者的仪态、表情、声调、表达的清晰度等。这些信息能够给面试评价者最直接的刺激,很容易就在面试评价者心目中形成一个直观印象。

曾听过一些管理人员这样说:"我面试人的时候,其实5分钟的时间就够了,我基本能确定应聘者是否是我想要的人。"一些指导应聘者成功面试的文章也谈到,面试的前5分钟给面试评价者的信息对应聘者来说是最重要的,往往对是否能够成功应聘起着最关键的作用。如果这种说法属实的话,其实就说明我们的面试评价者在面试中收集应聘者信息的工作不够到位。

在实践中,我们发现,一些面试主持人没有把应聘者在面试现场表现出来的一些素质能力和其实际工作中具备的素质能力进行区分,面试人员往往容易把应聘者当时表现的好坏当作评价其是否能够胜任新工作的依据。

如前文中谈到的,应聘者当时表现的好坏,大体可以称作"找工作的能力",而其实际的能力才是"做工作的能力"。"找工作的能力"更多的是一种影响面试评价者的印象的能力,这种能力强,并不一定代表实际工作中的能力也强。而"做工作的能力"就是指岗位的胜任力,这种胜任力才是我们要去重点考查的方面。

在现实中我们很容易重视"找工作的能力",而忽视对"做工作的能力"的考查。我们经常会看到面试评价者这样的一些面试记录与评价,如:"声音洪亮,表达比较清晰","亲和力强,喜欢微笑","表情比较严肃",等等。这些信息能够代表应聘者素质能力的某些方面,但这是有限的,而不能完全代表其胜任岗位的情况。一个沟通表达能力强的人,执行力却不一定强,良好的表达能力不一定能说明他可以完成既定的目标。

应聘者表面的行为表现背后有着代表其某些个性和能力特征的信息,这是我们在收集其行为事件时需要特别关注的,这些过去经历中的行为事件是我们对其进行评价的最主要的依据。其实,面试评价者心中会存在一个目标岗位的胜任力框架,在面试的过程中,针对胜任力来逐项地收集对应的行为事件信息。

举例来说,假设我们需要收集应聘者沟通表达能力这一特征的信息,我们需要应聘者讲述一两件他本人运用沟通表达能力完成的事,通过判断他在做这些事的过程中的行为表现来评价其沟通表达能力,而不应该仅仅根据他在面试现场说话声音是不是够大、语句是否连贯、条理是否清晰来做出判断。

总的来说,行为面试中,应聘者所讲述的行为事件是对其进行评价的主要依据,对面试进行有效的记录是必要的。行为面试要求讲述的事件具有真实性,这样,应聘者对于录音、录像等都会比较介意。因此,我们需要用笔记下我们需要的信息。但是面试评价者不可能都掌握速记技巧,当然不可能把应聘者讲述的所有信息都记录下来。对于那些相对不太重要的信息可以略记或不记,比如应聘者的背景资料，我们是可以通过其他途径来获得的。对最为关键的信息，如行为事件本身则应该做好详细的记录，包括应聘者当时怎么做的，甚至怎么说的，最好都做原始记录。如果记录的信息不够详尽，必然影响最终测评的结果。尤其是在应聘者较多的情况下，比如一个上午面试6个人以上，如果没有详尽的记录，我们很难非常清晰地回忆应聘者说过的话。

在进行面试记录时应注意以下几个问题：

- 在面试过程中，评价者不能一味地进行记录，如果与应聘者没有目光接触，则会影响沟通的互动性。
- 面试记录纸最好经过特定的设计，比如左侧主要记录应聘者的行为事件、行为表现，右侧可以记录对应聘者当时的简短评价。
- 面试记录纸应留有足够的空间和相应的位置，并准备足够数量的笔以防中途突然没有办法记录。
- 对于已经记录下的信息应注意保密，不宜让其他人看到，一方面是要对应聘者保密，另一方面则须避免在面试结束之前过早地评价应聘者。

## 行为面试的主持技巧

### 提问的技巧

面试过程一般是由面试评价组中的主评价者来主持，主评价者所做的最主要的一件事就是对应聘者进行提问。

提问是最能体现面试主评价者能力水平的部分，而对于应聘者而言，这也是他唯一亲身了解面试评价者的机会。如果面试主评价者提出的问题正好符合应聘者自己的想法，就会让其产生述说自己过去经历的愿望，他们会觉得自己在跟一个高水平的人谈话，并认为这个谈话对自己是非常有益的，这便更容易激起应聘者表达的热情。反之，如果应聘者认为面试评价者所提出的问题浅显，缺少深刻的思想，就可能产生不屑于与之对话的态度，便会关闭自己表达的窗口。面试主评价者需要在主持面试的整个过程中，恰当地进行提问，采用一些技巧，来达到收集应聘者行为信息的目的。

前面谈到，面试的提问一般都是以开放式问题作为开始。之所以这样安排，很重要的一个原因就是为了在面试中把更多的时间留给应聘者，让他有更多的机会来讲述。而面试主评价者则应成为一个很好的倾听者，做好面试记录的同时，适时引导应聘者的讲述朝着预定的目标推进。有的应聘者很擅长言语表达，对事件的描述也符合面试主持人期望的 STAR 模型，这样就不太需要过多的追问。但常见的是，许多应聘者的回答并不能让面试主持人满意，他们的第一个回答多数是一种泛泛的陈述，这时面试的主评价者就需要通过跟踪性问题，以及 STAR 式的结构化追问来使谈话继续。

### 短时间内不能进行太多的提问

行为面试的突出特点是让应聘者回忆过去的经历，但是这些经历常常不能被马上回忆起来，需要一个激活的过程。

在一次行为面试的模拟演练中，作为被提问者，提问者曾让我讲述一个通过团结协作克服困难、成功完成任务的事例。刚听到这个问题时，我备感突然，不知如何反应，就一直停顿着思考。而那位"主评价者"看我停顿下来，以为自己问得不清楚，又继续用另外一种方式把这个问题陈述了一遍。这期间，我不得不停止回忆，认真地听他的再次说明。听完之后，继续搜寻我头脑中那个事例的细节。没想到提问者又坐不住了，又说："如果没有非常准确的例子，讲一个类似的经历也行。"就这样，在我还没有完全回忆起要说的事件经历的细节之前，她已经连续问了我三个问题，使我不能专心地回想。这时，我不得不打断她说："好的，让我想一下好吗？"然后我终于想好要用曾经做过的一个项目经历来回答这个问题。在这个项目的过程中我们的确遇到了困难，多亏了我和几个同事通力合作，在客户要求的时间里成功地完成了任务。不过，也可能是时间控制的原因，这位提问者没等我充分表述完就打断了我的话。

所以，作为面试主评价者的提问者，须能够真正站到应聘者的角度去体会面对提问时的感受，想象他回答问题的过程，以便适时地进行提问，才能让应聘者得以顺利、充分地表达。

**提的问题须清晰准确**

要保持面试主持人与应聘者之间信息的通畅，所提问的问题起着主要作用。结构化行为面试是非常严肃、正式的沟通活动，如果语言传递不畅，会严重破坏面试的环境氛围，影响面试的效果。

在某企业的内部竞聘测评工作中，面试测评时，五个评价者正襟危坐台上，台下还有一些员工代表参与评议，气氛庄严、郑重。测评中，有一位竞聘者可能听力有些不好，而面试主评价者提问时可能也不太清晰，每提一个问题，竞聘者都问"什么"，使得下面的员工代表有人不小心笑出声来，结果，这位竞聘者更紧张了。

事实证明那是一个非常不成功的面试。尽管应聘者不会都存在听力问题，但是如果问的问题不够清晰，也会产生类似的较差效果。因此，从各个方面保证所提问题的清晰程度显得非常重要。

**所提问题的句子不能太长**

在设计行为面试题目的时候常有这样的感觉，如果对问题的描述不够细致、全面，就会影响被测试者的理解和发挥，因为我们希望应聘者讲述的事例能够体现出我们所希望测评的胜任力的行为表现。但是，从面试经验和所积累的案例资料来看，在行为面试提问时，如果一个问题传递的信息点超过三个，准备回答问题的应聘者常常不知所措。实际上，在行为面试中应该先简化问题，提出问题之后，对应聘者的回答用有针对性的具体问题进行追问，可以更好地达到了解应聘者的目的。

**问题的用词不能太专业化**

在建立应聘岗位的胜任力模型时，常会用到一些专业化的词语来描述，如某一个岗位的人员需要具有非常强的"成就愿望"。"成就愿望"这个词就是比较专业化的心理学术语，不宜在提问的时候用，而应用相对更容易理解的词代替，比如"进取心"、"积极主动地做事的想法"等。再比如我们认为"人际敏感性"是一个团队领导者必备的素质，但在提问的时候就不宜直接用"人际敏感性"，可以用"关注他人的需求和感受"等一些通俗易懂的词语或者句子来描述。

**避免容易引起歧义的问话**

"请描述你影响和推动他人完成工作目标的一次经历。"当我第一次用这个问题向应聘者提问时,总有一些人反问我:"是完成他的工作目标,还是我的工作目标?"这时我不得不再进一步补充说:"是他人的目标。"虽然这句话并不影响需要讲述内容的主体,但一旦应聘者有了歧义,他的注意力就被转移到他应讲述的内容之外,这必然会影响应聘者当时的心境和思路。

**尽量避免使用诱导性问题**

什么是诱导性问题呢?就是那些在面试时让应聘者通过你的提问就知道你问话意图的问题。比如,"你当时是不是想到要首先完成团队的目标?"在这个问题中,应聘者会明显地感觉到,在工作的过程中应该把团队的目标放在第一位,这是面试主持人所期望的。

诱导性问题更容易引发应聘者的"社会称许效应",也就是应聘者会朝着面试主持人期望的方向来回答问题。从人的心理上来说,人们总是愿意把自己看作一个"好人",因而如果意识到他人对自己的期望,就会在言行举止中不自觉地调整自己以迎合他人。我们所做的面试都是关系到应聘者前途的大事,这时更容易强化这一点。即使没有"社会称许效应"的消极影响,诱导性问题也会限制应聘者的讲述思路。拿上述这个问题来说,可能应聘者当时想到了许多内容,但唯独没有想到首先要完成团队目标,提问者却仅仅问到"是不是想到要首先完成团队的目标",这很可能引导着应聘者仅仅关注这一点,而没有机会来回答当时他想到的其他方面。

做到完全避免所提问题的诱导性很难，为了克服这一点，一个有效的方法就是尽量使用一些间接性的问题，来使应聘者讲述客观事实。如果面试主持人想了解应聘者当时是否想到首先完成团队的目标，不宜采用直接追问的方式，但可以让应聘者讲述当时是怎么想的，使应聘者有机会把其想法都讲出来。如果应聘者在非常自然的情况下讲到了首先想到团队目标的达成，这也就正好满足了面试主持人的要求。如果这样提问以后，应聘者没有讲到相关的内容，面试主持人可以进一步追问"你当时还有哪些想法"、"你为什么这样想"等，可以有针对性地朝着预定的方向采用一些问题来挖掘信息，而且可以尽可能地透彻一些。如果在这种情况下，应聘者并没有讲到我们希望的内容，那么我们也基本可以判断他不具备我们期望的特点。

## ☞ 维持良好的面试氛围

所谓保持良好的面试氛围，就是使面试评价者与应聘者能够一直保持一种融洽的沟通关系，使行为面试更加顺畅地进行。

有一种面试的氛围让面试评价者感到非常舒心。这种情况中，应聘者比较能说，提出一个话题后，他也马上能够理解，并继而打开话匣子，滔滔不绝地讲述他的背景、取得的成就、他的行为和思想等。很多时候，不用面试主评价者多提问，就很容易获得所需要的信息。而让面试主评价者煞费苦心的则是一些比较内向的应聘者，他们不太善于表达。这时面试主评价者需要投入较多的精力来维持一个良好、顺畅的面试氛围，以达成行为面试的目标要求。不过，需要指出的是，一个不善于表达的人，并不一定是一个胜任力不足的人。

### 如何对待一些负面信息

任何人都不可能是完美无缺的，在讲述其过去经历中的行为表现时，不可能所有的行为表现都是非常正面和积极的。如果在面试中，一个人把他自己的所作所为说得有如天花乱坠一样，这往往是不可信的，而且这也会使我们更没有把握来判断应聘者，特别是其诚信度和道德品质。

有的人参加面试的次数多了，渐渐地可能成了"面霸"（一些经常参加面试的人的俗称），同时他们自己对面试做过一定的研究，常常会避短取长，对自己过去经历中的负面信息进行掩饰。遇到这样的应聘者，面试评价者常常会感到困扰。

其实，应聘者掩饰自己的负面信息，对他并不是最有利的，面试中的追问很多时候能够对此进行识别。也有许多应聘者并不会过分关注这些，会非常坦白地讲述自己的真实情况，有的人甚至会讲述自己年轻时候逃学、违反纪律以及跟人吵架等，这些经历不一定就说明其岗位胜任力方面存在着不足。实际上，我们需要对这一点在面试指导语里专门进行相关的说明，对应聘者进行一定的引导，告诉应聘者实事求是地讲述自己过去的经历有利于评价者进行公正、客观的评价。

除了在面试指导语中强调客观回答的重要性这一做法之外，另外一个有效的办法是忽略负面信息的影响。也就是把应聘者可能讲到的负面信息放在一个较次要的位置，让应聘者感觉到具有这些负面信息以及讲出这些负面信息并不影响评价者的客观评判。比如，应聘者讲到他曾经在过去经历中故意跟一位同事对着干，作为面试主持人可以说"许多人都这么做过"或者"我以前也这么做过"等话语，可以让应聘者更加没有拘束地讲出类似的事实。

事实上，一个敢于把自己的优劣势完整地展示给面试评价者的人，并不意味着其能力的不足，相反，正确、客观地看待自己是积极面对问题的一个表现。

采用合理、恰当的方式对待应聘者讲述的负面信息，有助于维持良好的面试氛围。当应聘者发现面试主持人也敢于暴露自己，与自己平等地对话的时候，应聘者会更容易实事求是地剖析自己。

**追问**

面试中需要有一些适当的追问（不宜过多而喧宾夺主），这非常有助于帮助应聘者打开"话匣子"，从而保持面试氛围的融洽。

在行为面试的过程中，应聘者有时无法把握自己是否已经讲述得足够多，或者讲述得不够。如果没有面试主评价者的追问，应聘者会没有动力和方向去继续讲述。在这时，面试主评价者就需要加入一些追问。除了追问内容本身的意义之外，应聘者通过追问的问题，也获知面试主持人仍希望自己讲下去，得到这样的一个积极反馈之后，便会继续滔滔不绝了。当然，追问的内容有助于帮助应聘者进一步揭示所讲述事件中的另一些细节。

追问都问一些什么样的问题呢？比如，当面试主评价者要求应聘者讲述他做过的非常重要的一项决策时，就可以追问"有哪些因素影响了你的决策"。如果主评价者要求应聘者讲述与他人紧密合作完成的一项工作,就可以追问"你们是怎么进行的",或者"过程中遇到过什么困难"。

下面是一些常用的追问问题:
- 你希望得到什么?
- 你做的第一件关键的事是什么?
- 你是如何具体地来做这件事的?
- 在这个阶段谁还参与了?
- 你能够回忆起在这个阶段的谈话吗?
- 你具体说了什么?
- 这时你具体想了些什么?
- 这时你具体的感受是什么?
- 这个阶段发生了什么重要的事情吗?
- 这件事的具体结果是什么?
- 关于这个阶段的事情,你有什么要补充的信息吗?
- 你的具体角色是什么?

**非语言技巧的使用**

应聘者在面试的过程中主要通过两个途径从面试评价者那里获得反馈:一是面试主评价者提问的问题,二是面试评价者的身体语言。由于在整个面试过程中评价者不应该有过多的言语,所以应聘者主要的注意力被吸引到面试评价者的身体语言上。评价者的一举一动都会对应聘者产生重要的影响,这也正是在面试前对面试评价者进行培训的重要原因之一。

**点头** 点头的动作是面试主持人在面试过程中不自觉就会表现出来的身体语言行为。有人说，在主持面试的过程中不应该对应聘者点头或者以认可的话语来回应，以避免对应聘者的回答产生误导。因为应聘者会以为自己说的某些话得到了面试评价者的肯定，其后面的回答内容会因此受到一些影响。尽管这是一种比较保守的说法，但确实是非常有道理的。

主持人在面试过程中的任何言行举止，都不应该让应聘者感觉是一种对其回答的积极或消极的评价。不过，从另一方面来说，如果应聘者在回答问题的过程中，面试评价者们没有任何反应，也不利于营造良好的面试氛围。尤其是有的面试评价者花了更多的时间去记录，甚至跟应聘者都没有目光接触，则更容易使应聘者产生不安。因此，在保证不带有任何评价意义的情况下，适当地点头对保持良好的沟通关系还是有益处的，还可以传递给应聘者这样一个信息：他在被认真地倾听，所说的内容是评价者感兴趣的，他可以继续讲述下去。

**微笑** 面试评价者是否应该在面试过程中微笑，也是一个比较有争议的话题。与点头所带来的顾虑一样，评价者们也担心微笑给应聘者带去评价性意义。实际上，这关系到如何把握"度"的问题，在面试过程中一定不能毫无顾忌地大笑。

在面试中，应聘者的回答有时候会显得非常滑稽，常常有年轻的面试评价者由于实在忍受不住而笑出声，这是极不应该的，面试官应该学会控制自己的情绪表现。当然，完全一脸严肃，拒人于千里之外，也不利于应聘者向你吐露心扉。因此，一种"温和的、严肃的微笑"方式是适宜的,这会让应聘者感觉到你在听他讲述时感到享受。不过,每一位评价者需要在不断的实践中去把握分寸。

**目光接触** 这是最没有争议的、非常有用的一种身体语言技巧,是在面试主持过程中需要认真去做的。当你的目光平视对方的眼睛周围,并时不时地有一些变化的时候,对方会明显地感觉到你对他很关注,对他讲的话很有兴趣。

有一些评价者在面试时为了把更多的信息记录下来,常常只会忙着埋头苦记,而顾不上与应聘者有目光接触,这常常会让应聘者感觉成了没有听众的一言堂。不过,目光接触并不等于死死盯着不移动,如果注视对方的眼睛超过30秒,就会使对方感到不安,所以中间也需要一些停顿和转移,然后再回到所注视的目标。比如在这个过程中,你可以看一下面试题,浏览一下你记的笔记或者稍微变换一下姿势,都能有助于你的目光转换,从而缓解应聘者过于紧张的心理。

## 📝 面试过程的控制

在实际面试的过程中会遇到各具特点的应聘者。有的应聘者会与面试主持人配合得比较默契;而有一些应聘者甚至想在面试过程中起主导作用;另外还有一些应聘者具有抗拒心理,从一开始就抵制面试主评价者提出的任何问题;更有一些应聘者情绪容易激动,说着说着可能就哭起来;有的应聘者说起来滔滔不绝,而有的应聘者沉默寡言,等等。

主持面试的主评价者常常会在面试过程的控制方面遇到一些意想不到的挑战,但无论如何都需要对面试的过程进行严格的控制,保证面试按照预期的安排有条不紊地进行。

结构化的行为面试是有时间限制的，原则上要求在同样的时间内给予应聘者同样的行为问题的刺激，来观察应聘者的反应，这样才能在不同的应聘者之间进行横向客观的比较。另外，在采用结构化行为面试这一方法之前，一个面试评价组在一天内面试多少人都需要事先做好计划和安排。如果对面试过程控制得不严格，每个应聘者面试的时间长短不一，或者对每个人所提的问题数目不等，就会影响整个面试过程的公平性，也会影响到面试的最终效果。因此，主评价者必须做到对面试过程的绝对控制，保证使面试过程按预期的方向推进。在面试测评之前，尤其需要事先考虑如何使面试沿着面试主持人的思路进行，每个问题或每个方面应该用多长的时间去面试，如何避免产生沉闷的场面，如何按照既定的流程进行面试，等等。

应聘者的特点不一样，采取的控制方式也相应有所不同。下面是我们面试中常常遇到的具有不同特点的人。

**滔滔不绝者**

在面试过程中，面试主评价者经常需要想方设法地追问，努力地从应聘者口中获得所需要的信息，同时保证面试能够在顺畅融洽的环境中进行下去。为此，面试主持人不得不付出较大的心力。

不过，有时面试主评价者会突然感到非常轻松，不用花太大的力气努力激发应聘者表达，因为这时出现了一位能说会道的应聘者。面试主评价者每次给他一个行为问题，他就滔滔不绝地讲述，并且讲得非常详细和具体，面试评价者只需要专注地倾听和记录就行了。

但是，随着面试时间的推移，面试官可能会发现，还是需要干预应聘者的谈话，因为他可能已经在前面几个问题上花费了太多的时间，如果一直这样下去，这位应聘者可能会占用其他应聘者的时间，或者你事先准备的问题可能会无法全部提问，这不符合结构化行为面试的要求。

如果一位滔滔不绝者用了太长的时间来回答面试主评价者提出的问题，会容易给面试评价者留下更深的印象，势必会影响面试评价者的判断。相反，一些只用了很少时间回答面试主持人的问题的人，可能因为表达笨拙一些，常常不能充分表现出自己的胜任力特点，也降低了面试评价者的印象。这两种不同的情况都会使我们的面试失去客观的基础。

因此，对滔滔不绝者进行适当的干预是必要的，当然不能生硬地直接打断："行了，不要说了。"这样戛然而止，会令对方很不舒服。语气上应该缓和一些，当你觉得对方说的信息已经足够的时候，就可以用一些语气词跟随对方的话语，比如"好"、"是"、"对"，应聘者看到你这种反应，稍微敏感些的人会知道自己应该停止了。或许还有一些人实在控制不住自己，非得先吐而后快，这时，经过前面的暗示以后就可以出言打断："我明白你说的意思了，但由于时间关系，后面还有一些问题，这个问题先到这儿，好吗？"当你发现对方是一个滔滔不绝者以后，问下面一个问题之前可以先做说明：希望对方的回答尽量简明扼要一些，每个问题不要超过3分钟。有了这样的提示，过程中打断他的时候，就不会显得突然。总之，在打断一位滔滔不绝者的谈话时，既要达到控制面试过程的要求，又不能打击对方表达的积极性。

## 沉默寡言者

有的应聘者天生不爱说话，对于有些岗位来说，这一特点并不一定说明他不能胜任目标岗位的工作，可能他更善于做而不善于说。我们在面试中经常遇到这样的情况，当提出一个行为面试问题以后，应聘者一句话就把你打发了，不愿再多说。如果不加控制，当你把事先准备的所有行为问题问完，他可能只用了不到预定面试时间的1/3。行为面试的目的是想了解对方过去经历当中的行为表现，如果对方不能充分地表达，必然会影响评价者对应聘者的判断。

遇到这样的应聘者，面试主评价者必须充分发挥自己的亲和力。你在提问时使用的语气，你对他所回答问题的积极反馈，都可能帮助他缓解紧张或尴尬的心理，增加他表达的愿望。

有的人天生不爱表达，他认为自己没有必要把事情说得那么详细，几句简明扼要的话就足够了。这时，面试主持人可以更多地采用一些相对具体的问题来提问。对于表达能力强的人比较适合采用开放式的问题，比如："请你讲述处理困难的人际关系时是怎么做的？"对方会滔滔不绝地讲起来。而对于沉默寡言者，开放式的问题带来的答案可能只有一句话，不足以使我们获得想要的信息，这时需要提问者把问题分解为若干个封闭式问题，比如："你当时遇到的困难是什么？""这些困难给你带来了哪些方面的挑战？""你为什么采取这样的行动？""你当时是怎么想的？"等等。总之，遇到一位不太擅长口头表达的应聘者，就需要面试主评价者多花费一些精力，把需要提问的问题细化，直到能够获得需要的信息。但所有这些都需要以面试主评价者良好的亲和力为保障,不能引起对方的阻抗。

**离题万里者**

遇到一位滔滔不绝者,只要他回答的问题是我们所需要的,就是让面试主持人感到幸运的事情。但最有挑战性的是遇到一位虽然滔滔不绝,但所回答的问题全在云里雾里,与你希望得到的答案一点关系都没有的应聘者,这是最考验面试主评价者的时候。从实际经验来看,离题万里者常会有以下几种情况:

**应聘者总是谈"我们"**

在主持行为面试的时候,评价者最希望应聘者讲述的是自己亲身的经历,因此用第一人称"我"来讲述为好。而实际的面试活动中,有一些人的讲述总是爱说"我们",让他"讲述自己的一个成功的营销案例",他在讲述的过程中总是使用"我们",所做过的所有事情都是"我们"做的,无法确定是否是"我"做的。这时,作为面试主评价者要清晰地意识到对方使用了"我"还是"我们"。一旦发现对方总是使用"我们",应给予打断并要求对方用第一人称描述。不过在实际的面试中,当你纠正了对方以后,不久他又会开始使用"我们"。这时,面试主评价者需要再次或不停地纠正对方,但这是不好控制的方面。如果对方总是说"我们",面试主评价者应特别注意追问在这个过程中讲述者在事件中担当的角色,做出了哪些行为,有什么效果等。过多地讲述"我们"很可能说明讲述者本人在其中的作用并不明显。

**应聘者总是谈"应该"**

有一次让一位应聘者讲述其过去经历中带头营造一个团结、高效的团队的工作经历。应聘者的回答却是:"营造一个高效的团队,首先应该树立一个美好的团队愿景……"然后,接着讲如何树立愿景,讲述得非常有道理。我期望着他话锋一转,开始讲他在过去的经历当中是如何做的。但一分钟过去了,他还在谈如何营造一个团队,还没有停止的意思,我这时才意识到他没有按照我的期望来回答问题,于是只好打断他:"我明白你的意思,你是讲如何营造好一个团队。那么你过去经历中是否有过类似的经历呢?能不能说一个发生在你身上的实际的例子。"于是他停下来,想了一会儿,才开始说一个他的真实故事。遇到用"应该"来回答行为问题的应聘者,应及早地意识到,并用适当的语言对其进行引导。

**应聘者总是谈他准备的东西**

在实际的面试中,我曾经遇到不少人,他们不了解行为面试到底是什么样的形式和内容,所以事先对自己的经历和猜测的部分问题进行了一些准备,并在面试之前认真仔细地复习。当面试主持人开始提问的时候,应聘者就从他的记忆库里挑选出自认为最符合题目要求的内容来回答。但在面试主持人看来,这些回答根本就是文不对题。在此情况下,面试主持人应该帮助应聘者彻底改正这种回答问题的模式,进一步明确要求,希望他讲述自己亲身经历的事情,背诵的内容毫无意义,而且他完全可以想一想再回答。

**应聘者总是无法具体到实际的经历**

行为面试的问题大部分都是要求应聘者讲述其亲身经历的事情,但总有一些应聘者怎么也无法讲述具体的事件:

记得有一次我要求应聘者讲述其协调不同利益方、调动各方资源完成的一项工作任务。应聘者回答："我们是房地产公司，所做的工作都是需要协调不同利益方才能完成的。比如我所从事的设计管理的工作，需要协调设计院、广告策划公司、工程部……"这时我发现他讲得不对，他没有讲述自己的亲身经历。于是，我接着问："你讲一件具体的事例吧？"他停下了前面的回答，想了想说："比如，在从事1号楼盘设计管理工作时，我需要协调两家设计院，三家广告策划公司，还有……"我期望他讲一个具体的事情，而不是讲述他在从事1号楼盘的设计工作时与谁合作过，我想了解这个过程中发生的具体事例，所以我不得不继续追问："在这个过程中，是否有一个具体的事例，你当时印象比较深刻，使你需要协调各方资源的？"这时，应聘者开始回忆，果然，他一会儿开始了讲述："那是工程进行到正负零的时候发生的一件事，当时非常紧迫……"这才是我希望他讲述的内容。

### ☞ 面试控制技巧

如何更顺利地控制行为面试的进程，还有一些非常实用的技巧。这些技巧在许多沟通训练的课程中也可以学到，不过必须经过一些实践才能真正地掌握。

#### 有效地利用沉默

有的应聘者兴致一来，越讲述就越激动，常常没有意识到要停下来，往往这个时候他有些被情绪控制，因而需要面试主持人让他缓和

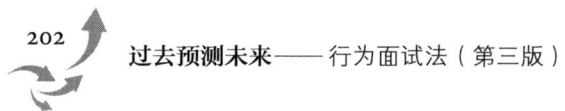

一下情绪。这可以在应聘者回答完前面一个问题后,稍微停顿几秒钟,以适当地调整面试的节奏,这样应聘者的情绪就会缓和下来,回答后面的问题时就不会再像前面那样急促。

### 总结应聘者的回答

有的应聘者如果在一个具体的问题上花了太多的时间,主持人就可以简短地将应聘者讲述的内容总结一下,表示这个问题的回答结果已经有了,可以开始下一个话题了。

### 使用不同的语气和语调

大部分时间中,行为面试的主持人采用的是一种充分显示亲和力的语调,以维持一个良好的面试氛围,使沟通变得顺畅,有利于应聘者更充分地表达。但有时为了控制面试过程的需要,语气里可以透出一些"温柔的强硬",这能够使应聘者减少一些过于以自己为中心的倾向,主动去理解面试主持人的期望和要求,从而自觉地控制自己的行为。

前面以不同类型特点的应聘者进行了举例,旨在说明如何有针对性地对面试的过程进行控制。控制好行为面试的过程,最重要的是要按"纲"行事,由于这里讲的行为面试是结构化的,也就是说,行为面试的过程是有"纲"的,是结构化的。这个"纲"做得越好,事先准备得越充分,在过程中的控制就越容易一些。在事先的准备中,包括以多长的时间进行面试的开场白,多长的时间介绍应聘者本人的背景信息(不属于行为面试问题,但为了帮助全面了解一个人),面试中会针对多少项胜任力进行提问,每个胜任力问几个问题,各个行为问题的预计时间是多少。

　　明确这些问题之后,在面试的过程中,一旦偏离了事先计划的轨道,面试主持人就应该采用适当的方式把应聘者拉回到轨道上来,从而保证行为面试程序的标准得以执行,使之不因应聘者个性的差异以及面试中一些偶然的事件而破坏这种结构性。因为正是行为面试这一过程的结构性和完整性,才使我们能够用同一标尺去衡量应聘者在相同条件下的不同反应,才能对不同应聘者的胜任力表现做出准确的比较和判断。

# 第六章

# 行为面试的评分方法

> 视其所以，观其所由，察其所安。人焉廋哉？人焉廋哉？
>
> ——孔子

行为面试的评分是面试过程的最后一道程序，也是最为关键和最容易产生不同结果的阶段。在这一步骤中，实现了这样一个判断过程，即由"应聘者在某个事件中表现出了高绩效"到"高绩效是应聘者的一贯特征"。这一过程是面试评价者根据面试过程中的正面观察及应聘者的言辞答问来收集信息，并对应聘者的综合素质进行判断的过程。面试评价者必须对应聘者的能力、个性品质和工作动机等方面做出判断，然后做出录用建议和使用决策。因此，对应聘者特征的判断将直接影响随后的录用建议和使用决策。作为评价者，应认真研究和掌握面试评分过程中的各种评分技术及应该注意的相关问题。

在介绍各种评分方法之前，我们需要认识和了解面试评分所应用的一个重要工具——面试评分表。

## 行为面试评分表的设计

### ☞ 设计行为面试评分表的注意事项

**信息齐全**

行为面试评分表作为人事决策的重要依据，需要有一定的存档期。为了方便存档或查阅，需要在设计面试评分表时注意信息的齐全，一般情况下应该包含以下信息：

- 职位名称。
- 面试的日期。
- 应聘者的信息以及面试的顺序。
- 面试评价维度及标准。
- 面试评分表的使用规则。
- 面试评价者的结论以及总体评价。
- 面试评价者的签名。

**便于评价者使用**

能否方便地使用是评价面试评分表设计好坏的重要依据，只有使用者使用方便，他才能准确、有效地评分，并记录下他的评价。下面就一个细节——面试评分表的维度排序，来谈谈如何让面试评分表好用。

大家都知道，行为面试题一般情况下是针对关键胜任力特征来设计的，每个题目都有其特定的胜任力特征。只有当行为面试题的特征顺序与行为面试评分表的特征顺序一致时，面试评价者在评分时才不会由于寻找对应的特征而忙乱。例如，针对下面的行为面试题（表6-1），设计有两种不同的行为面试评分表（表6-2和表6-3）：

表6-1 行为面试题

| 序号 | 测评维度 | 题目 |
|---|---|---|
| 1 | 主动进取 | 有人说："只要付出总会有回报。"请结合你个人的经历谈谈你对这句话的理解。 |
| 2 | 敬业精神 | 请向我们描述你在工作中所经历的最紧急或压力最大的一件事，你是如何处理的？ |
| 3 | 组织协调 | 请谈一谈你所遇到的最难协调的工作经历。 |
| 4 | 执行力 | 如果领导布置给你的工作可能会伤到其他同事的利益，你如何处理？请谈一谈一个类似的经历。 |

表6-2 行为面试评分表（不合适的顺序）

| 面试顺序 | 姓名 | 组织协调 | 执行力 | 主动进取 | 敬业精神 |
|---|---|---|---|---|---|
| 1 | 王建 | | | | |
| 2 | 张宏 | | | | |
| 3 | 郑宇 | | | | |

表6-3 行为面试评分表（合适的顺序）

| 面试顺序 | 姓名 | 主动进取 | 敬业精神 | 组织协调 | 执行力 |
|---|---|---|---|---|---|
| 1 | 王建 | | | | |
| 2 | 张宏 | | | | |
| 3 | 郑宇 | | | | |

### 便于数据统计者使用

面试评分表的设计要便于数据统计者使用,这一点在大多数情况下不被人们所重视。这是由于我们平时面试的应聘候选人人数不会太多,即使统计起来不太方便也不会太影响工作效率,同时统计分析的方法还没有大量引入到面试评分的数据分析中来也是原因之一。但当面试量非常大,需要运用统计方法进行分析、辅助决策时,这个问题就显现出来了。在下面所列出的各种行为面试评分表中,"候选人比较法"是最有利于统计者进行统计和分析的。

当然,我们在设计行为面试表时,最主要的还是要考虑面试评价者的使用方便,便于他们做出合理而准确的评价是第一位的,但在不妨碍的前提下,关注数据统计者的使用,既可以提高工作效率,也可以降低数据输入的失误频率。

## ☞ 设计行为面试评分表的方法

行为面试评分表的设计方法根据目的的不同,可以分为两大类:第一类是职位比较法,第二类是候选人比较法。下面就分别介绍一下每种方法的特点及相应的基本格式。

### 职位比较法

职位比较法是指从职位要求出发,根据候选人的表现来评价其在各维度上的等级或得分,判断其与岗位的匹配程度,从而得出候选人是否符合岗位要求的结论。它的基本格式有四种不同的变式,即问卷式比较法、等级标准式比较法、直观曲线比较法、行为列表比较法。

### 问卷式比较法

顾名思义，它是指在面试前，面试评价者设计针对该职位的一系列问题，通过行为面试的方法，根据候选人的表现来回答这些问题，并据此对候选人做出是否符合岗位要求的判断。它的基本格式见表6-4。

表 6-4  问卷式比较法面试评分表

| 评价项目 | 评价等级 | | |
|---|---|---|---|
| | 3 | 2 | 1 |
| A. 应聘者的仪表和姿态是否符合本项工作所要求的条件？ | 非常符合 | 一般 | 不符合 |
| B. 应聘者的自我表现能力，包括表情、言语、自信、是否符合要求？ | 非常符合 | 一般 | 不符合 |
| C. 应聘者的态度及工作抱负与本公司的工作目标是否一致？ | 一致 | 一般 | 不一致 |
| D. 应聘者的气质性格类型是否符合所聘职位的工作要求？ | 非常符合 | 一般 | 不符合 |
| E. 应聘者的工作意愿是否能够在本公司得到满足？ | 可以 | 一般 | 不可以 |
| F. 应聘者专业特长是否符合所聘职位的工作要求？ | 非常符合 | 一般 | 不符合 |
| G. 应聘者的工作经历是否符合所聘职位的要求？ | 非常符合 | 一般 | 不符合 |
| H. 应聘者的教育程度是否符合所聘职位的要求？ | 非常符合 | 一般 | 不符合 |
| I. 应聘者所要求的待遇及工作条件是否是本公司所能提供的？ | 可以 | 一般 | 不可以 |
| J. 应聘者的潜能是否在本公司有继续发展的可能？ | 有可能 | 一般 | 不可能 |
| K. 应聘者的口头表达力如何？ | 较强 | 一般 | 较弱 |
| L. 应聘者的综合分析如何？ | 较强 | 一般 | 较弱 |
| M. 应聘者的随机应变力如何？ | 较强 | 一般 | 较弱 |

续表

| 评价项目 | 评价等级 | | |
|---|---|---|---|
| | 3 | 2 | 1 |
| N. 应聘者的想象力和创新意识如何？ | 较强 | 一般 | 较弱 |
| O. 应聘者的工作热情与事业心如何？ | 较强 | 一般 | 较弱 |
| P. 应聘者是否有足够的潜力担当此项工作？ | 足够 | 一般 | 不够 |
| Q. 应聘者所表现出来的综合素质是否足以担当所要应聘的工作职务？ | 足够 | 一般 | 不够 |

综合评语及录用建议：

面试评价者签字：

年　月　日

## 等级标准式比较法

等级标准式比较法是指先确定面试评价的基本维度，然后将每一维度划分为若干标准等级，面试评价者根据应聘者在面试过程中的行为表现及回答问题的情况，选择一个符合其客观实际情况的等级予以评分。其基本格式见表6-5。

表6-5　等级标准式比较法面试评分表

| 维度 | 等级 | | | | |
|---|---|---|---|---|---|
| 一、仪表（礼貌态度及衣着等） | 极佳 | 甚佳 | 佳 | 尚佳 | 欠佳 |
| | | | | | |
| 二、健康与精神状态 | 健壮 | 很好 | 良好 | 尚好 | 体弱 |
| | 充沛 | 充足 | 良好 | 尚好 | 体弱 |
| | | | | | |

续表

| 维度 | 等级 | | | | |
|---|---|---|---|---|---|
| 三、表达能力 | 极有条理 | 较有条理 | 一般 | 不太有条理 | 缺乏条理 |
| 四、机智灵敏 | 极为机敏 | 较为机敏 | 一般 | 反应迟钝 | 领悟能力差 |
| 五、情绪稳定与自信 | 稳定坚强 | 较为稳定 | 一般 | 稍欠稳定 | 易于激动 |
| | 非常自信 | 比较自信 | 一般 | 不太自信 | 缺乏自信 |
| 六、对本公司的了解 | 相当了解 | 了解 | 一般 | 部分了解 | 了解很少 |
| 七、对专业知识的掌握程度 | 相当了解 | 了解 | 一般 | 部分了解 | 了解很少 |
| 八、所具有的经验与本公司业务的对应程度 | 非常对应 | 较为对应 | 一般 | 部分对应 | 未能对应 |
| 九、前来本公司工作的意愿 | 非常愿意 | 较为愿意 | 一般 | 不太愿意 | 非常不愿意 |
| 总评分 | 录用建议 | 是 | 否 | | |
| 补充说明 | 面试评价者签字： 年 月 日 | | | | |

## 直观曲线比较法（见表6-6）

表6-6 直观曲线比较法面试评分表——某IT公司的区域销售部经理

| 素质要求 | | 重要性等级 1　2　3 | 素质等级 1　2　3　4　5 | 职位分数 | 个人分数 |
|---|---|---|---|---|---|
| 价值观 | 求实 | 　　　* | | 12 | 9 |
| | 进取 | *　 | | 6 | 8 |
| | 创新 | * | | 5 | 4 |
| 态度 | 爱才 | 　　* | | 15 | 15 |
| | 思想开放 | *　 | | 8 | 4 |
| | 经营导向 | *　 | | 6 | 4 |
| 技能 | 计划能力 | 　　* | | 15 | 6 |
| | 组织能力 | *　 | | 6 | 8 |
| | 分析能力 | *　 | | 6 | 6 |
| 知识 | 公司知识 | *　 | | 8 | 4 |
| | 行业知识 | * | | 3 | 4 |
| | 财务知识 | *　 | | 4 | 4 |
| 总评分 | | 分数总计 | | 94 | 76 |
| 岗位匹配度 | | 百分数 | | 100% | 81% |

综合评语及录用建议：

　　　　　　　　　　　面试评价者签字：

　　　　　　　　　　　　　　　　　　　　　　　　年　月　日

说明：
1. "虚线"表示职位要求的素质等级，"实线"表示面试者对候选人的评价；
2. 职位分数＝重要性等级×职位要求的素质等级，个人得分＝重要性等级×面试者对候选人评价的素质等级；
3. 岗位匹配度＝个人得分×100%/职位分数。

## 行为列表比较法（见表6-7）

表6-7　行为列表比较法评分表——某地产公司总经理

| 日期 | | | | | | |
|---|---|---|---|---|---|---|
| 维度 | | | 候选人姓名 | | 评价者签字 | |
| | 进取精神 | 分析判断 | 目标执行 | 组织协调 | 团队建设 | 决策 |
| 评分参考要点 | □ 指个人有强烈的追求工作成功的愿望;<br>□ 不断设定挑战性的目标,挑战自我;<br>□ 关注自身职业生涯的发展;<br>□ 追求事业的成功和卓感。 | □ 理解问题准确,到位;<br>□ 从纷繁复杂的信息中理出主线和关键点;<br>□ 发现常人能体察不到的情况;<br>□ 解决问题思路清晰;<br>□ 表达问题逻辑性强,有条理。 | □ 工作中能够迅速理解上级意图,形成目标和具体可操作的行动方案;<br>□ 有效组织各类资源,安排任务的优先顺序;<br>□ 区分轻重缓急,克服困难完成工作目标;<br>□ 保证计划的高效、顺利实施,努力完成工作目标的能力。 | □ 根据工作目标的需要,合理配置相关资源;<br>□ 协调各方面的关系,调动各方面的积极性;<br>□ 及时处理和反映目标实现过程中各种问题的能力;<br>□ 能够平衡好各方面的关系,解决工作中随时可能发生的冲突。 | □ 通过授权、激励等管理手段充分发挥团队成员优势,促进团队合作;<br>□ 解决人员冲突,带领团队成员完成工作目标;<br>□ 激发团队成员的动力,营造良好团队氛围;<br>□ 善于描绘激动人心的愿景和使命,使下属充满热情和希望。 | □ 通过对多个可行方案进行分析和判断;<br>□ 选择最适当的方案及实施时机;<br>□ 能够勇于承担风险,做出有利于推进工作的果断决策的能力;<br>□ 在复杂、模糊且风险很高的形势下,或能够在大多数人反对的情况下仍坚持观点。 |

续表

| 日期 | 维度 | 进取精神 | 分析判断 | 目标执行 | 组织协调 | 团队建设 | 决策 |
|---|---|---|---|---|---|---|---|
|  | 满分 | 10 | 10 | 10 | 10 | 10 | 10 |
|  | 要素得分 |  |  |  |  |  |  |

候选人姓名：　　　　　　评价者签字：

总评 总评分（满分10分）：_____

针对应聘职位，你认为该候选人（在选项上打√）：

□适合　□基本适合　□勉强适合　□不适合

评语：

说明：
1. 评分从1到10分，9-10为优，7-8为良，5-6为中，1-4为差；
2. 单项评分最小刻度为0.5，总评分为0.1，总评分是对候选人的总体评价，不是单项评分的相加；
3. 相比而言，对"总评分"准确性的要求更高；
4. 请在"评语"栏中对候选人进行评价。

## 候选人比较法

从上面的介绍不难看出，第一种方法主要是从职位的角度出发，判断候选人与职位要求的匹配度，而不太关注多个候选人的对比情况。在实际工作中，无论是外部招聘还是内部的职位竞聘，常常要求面试评价者将所有的候选人进行排序，要求面试评价者在评价时保持良好的内部一致性，但在实际操作中常常出现偏差。出现偏差的原因有两个：一是面试评价者的技能，能否始终如一地坚持按统一的标准来评价所有候选人是对面试评价者技能的挑战，这需要我们通过专业的培训和练习来提高他们的技能。另一个则跟面试评分表的设计有关，因为在职位比较法的行为面试评分表中，对每个候选人都用一张单独的评价表，设计中没有将所有人直观地放到一起以进行比较。针对这种情况就出现了第二种行为面试评分表的方法，即候选人比较法。基本格式见表6-8。

表6-8 候选人比较法面试评分数

评价者签字：_____　　　日期：____年____月____日

| 次序 | 姓名 | 事业心 | 责任心 | 影响力 | 团队建设关系建立 | 分析能力 | 执行力 | 总评 | 排序 |
|---|---|---|---|---|---|---|---|---|---|
| 1 | 王建 | | | | | | | | |
| 2 | 张宏 | | | | | | | | |
| 3 | 郑宇 | | | | | | | | |
| 4 | 李颖 | | | | | | | | |
| 5 | 刘炯 | | | | | | | | |

续表

| 评价者签字：_____ | | | | | | | 日期：____年____月____日 | | |
|---|---|---|---|---|---|---|---|---|---|
| 次序 | 姓名 | 事业心 | 责任心 | 影响力 | 团队建设关系建立 | 分析能力 | 执行力 | 总评 | 排序 |
| 6 | | | | | | | | | |
| 7 | | | | | | | | | |
| 8 | | | | | | | | | |

说明：
1. 评分从1到10分，9-10分为优，7-8分为良，5-6分为中，1-4分为差；
2. 单项评分最小刻度为0.5，总评分为0.1，总评分是对候选人的总体评价，不是单项评分的相加；
3. 相比而言，对"总评分"准确性的要求更高。

采取这样的行为面试评分表，一个显然的好处是面试评价者在评价候选人时，可以参照自己给前面候选人的打分情况。譬如上表中，假设王建和张宏已经面试完，当面试郑宇的时候，评分时就可能参照前面给王建和张宏的打分情况。

即时对比容易让面试者建立自己统一的标准，更有助于最后的人事决策，尤其是从多个候选人中选出最合适的人选时，这种对比尤其重要。

## 如何合理使用行为面试评分表

行为面试评分表记录的是面试评价者对候选人现场表现的评价，这些分数最终会决定候选人的排序或岗位的匹配度，它在人事决策中起着至关重要的作用。因此，如何合理使用行为面试评分表就显得特别重要。

## 充分利用行为面试记录表

一般情况下,对候选人的评估是由一个面试小组完成的,最终的结论由小组成员通过讨论的方式来共同决定,因此需要每个面试评价者都提出自己评分的依据,这种情况下就暴露出行为面试评分表的缺陷,即它没办法记录候选人的现场表现、回答的情况,也没办法记录面试评价者现场的一些感受和总体评价,所以不利于在人事决策时让面试评价者提供评分的事实依据。因而,需要有其他记录表的辅助,如"行为面试记录表",基本格式见表6-9。经验证明,如果能将两者结合起来,则能起到很好的作用。

表 6-9 行为面试记录表

| 姓名 | 应聘岗位 | 面试评价者 |
| --- | --- | --- |
| 面试时长 | 期望薪酬 | 联系电话 |

其他个人情况:

| 考查维度 | 候选人回答的内容 |
| --- | --- |
|  |  |
|  |  |
|  |  |
|  |  |
|  |  |
|  |  |

续表

| 总体评价 | |
| --- | --- |
| 面试结论 | □录用　□进一步面谈　□放弃　□转____　岗位/部门____ |

## 针对评价者的培训

要想合理地使用面试评分表，就需要在真正面试前对面试评价者进行相应的培训，培训至少应达到以下几个目的，让面试评价者清晰地了解：

- 职位关键胜任力、等级标准及行为列表；
- 如何正确使用面试评分表，了解各分值含义、打分要求；
- 如何正确使用行为面试记录表，应该记录什么，如何进行评价，如何结合记录情况进行打分等。

当然，除了面试前的培训外，还需要在现场再进行相应的指导，一个有效的方法就是先面试一名候选人，让大家各自评分和记录，然后讨论一次，看看各自所评的分值是多少，判断的依据是什么。这样做可起到统一标准的作用，同时也可以检查一下各自对表格的使用情况，确保大家是在充分理解的情况下正确地使用面试评分表，保证最终的分值是可用的、合理的。

一般来说，行为面试的评分方法包括以下三种：传统评分方法，行为列表法，编码法。

接下来，对这三种评分方法进行介绍。

## 传统评分方法

### ☞ 传统评分方法简介

传统评分方法由美国电话电报公司首创,这种评分方法也是目前使用最为广泛的一种方法。在评分过程中,评价者通过自己在面试过程中收集到的信息,包括将应聘者对评价者问题的回答情况与所应聘职位对相关素质的要求进行比较,对应聘者在各个维度上的表现进行评价。这种方法操作起来相对容易,但受评价者知识和经验的影响较大,评分的客观性和准确性容易受到质疑。因此,要使用这种评分方法,最好在面试前对评价者进行系统的培训和相应的训练。

### ☞ 传统评分方法的操作程序

传统评分方法一般通过以下步骤来实现(见图6-1):

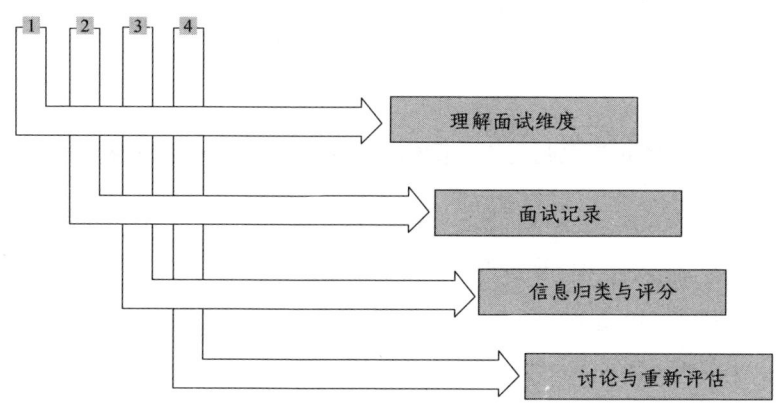

图6-1 传统的评分方法操作程序图

**理解面试考查的维度**

面试前评价者首先要了解评分维度,即本次面试重点考查的胜任特征,以及各个胜任特征的内涵。

**在面试过程中,评价者需要对应聘者的行为表现进行详细的记录**

在面试过程中,评价者会有选择地对应聘者的行为表现加以注意,并试图去解释应聘者行为背后所潜藏的特质。做面试记录比不做面试记录更有利于评价者对信息的记忆与提取,在对面试的情况做出判断时,回顾面试记录能够使评价者掌握更多的信息,利于评价者做出更准确的决定。

做行为面试记录主要有两种方式:一种是传统的记录方法,即把应聘者的所有信息尽可能详细地记录下来;另一种是关键点记录法,这种记录方法在面试记录本上先确定一个大体的框架,设计出重点的维度,并留出记录的空间,对反映维度特征的关键信息进行记录。

**将记录的信息归类于不同维度,然后对每一个维度进行定量的评分**

在这一过程中,评价者需要同时将应聘者在面试过程中的表现与胜任特征的内涵进行对比,并结合自己的经验,对应聘者在此维度上的表现进行评价。这样,评价者的经验在评分过程中就起到了非常重要的作用。

在评分过程中还会遇到这样的现象：应聘者对所考查的某个维度的面试题回答得不太好，但是在回答另外一个维度的面试题时却体现出了他在该维度上的特征，这时评价者可以根据他在两个维度问题上的回答，对其在该维度上的得分进行综合考虑来加以评分。

面试评价者的评分可以采用不同的计分方式，一般有一级判断计分法和二级判断计分法两种。

**一级判断计分法**

它是要求评价者通过一次性的完整思维来定量判断个体行为的一种计分方法。这种方法根据最高得分为奇数或偶数的差别，又可分为奇数法与偶数法两种：奇数法一般采用5点或7点计分方式。其中，5点计分时，3代表中等水平；7点计分时，4代表中等水平。偶数法通常采用8点或10点的计分方式。8点计分时，4分与5分代表中等水平；10点计分时，5分与6分代表中等水平。但是，无论是奇数法还是偶数法，都面临着一个共同的难题：即计分区间越小，评价者越容易对应聘者进行判断，但是评定结果则相对集中（大多数人为中等），个体差异不明显，如3点计分法；如果计分区间较大，评定结果则相对分散，突出了个体之间的差异，但是评价者又不容易做出判断，如15点计分法。

**二级判断计分法**

二级判断计分法是一种更精确的评分方式。此方法是要求评价者通过两次不同标准的判断来定量评价个体行为的一种计分法。这种计分方法的程序是：要求评价者首先按一级判断计分法打分，然后再在此基础上分析并确定被评人员符合该等级分数的上、中、下水平（正好符合该等级为"中"，稍高的为"上"，勉强符合的为"下"）。

例如，采用3×3的二级判断计分法。该方法要求评价者先按应聘者的表现情况分成三等，在总体上表现出色的给予3分，表现一般的给予2分，表现较差的给予1分。然后在此基础上分析应聘者符合该分数的上、中、下层次的哪一水平，最后得到一个分数（3上为9分，3中为8分，3下为7分，2上为6分，2中为5分，2下为4分，1上为3分，1中为2分，1下为1分）。

这种计分方法扩大了计分的范围（如五级计分，二级判断实际是十五分制），使评定的结果具有一定的辨别力，并且二级思维判断均控制在较小幅度内来分析，评价者判断难度小，能够较大程度地对应聘者进行区分，因而在一定程度上解决了一级判断计分法的难题，是目前应用较多的一种计分方法。

### 不同的评价者一起讨论对应聘者重新做出评估

面试结束后，评价小组成员一起对每一位应聘者的表现进行讨论。如果多名评价者对同一位应聘者的评分差异很大，这时需要对应聘者的表现进行重新回顾。经过讨论，如果有些评价者发现自己的判断确实存在误差，那么此时有必要对自己的评分进行修正；如果讨论后每个评价者的意见仍然不一致，这种情况下如有可能，则需要对应聘者的其他资料进行分析，然后结合岗位胜任力的要求重新进行评价。

一般情况下，评价者对应聘者的评价不一致多是由于多位应聘者的水平都比较接近，不容易进行明显的区分。还有一种情况是，应聘者在一些维度上的表现很好，但是在某个维度上的表现又明显不符合岗位胜任力的要求，这样在给这位应聘者进行综合评价时就很难给出一个统一的定论。在这种情况下，对应聘者的评价要非常慎重，最好能结合应聘者所应聘岗位的实际要求来考虑评分与录用情况。

讨论的好处在于，可以给每个评价者更多的思考和分析的时间，可以弥补评价者由于现场即时打分的仓促而导致的评价缺陷，同时集体讨论还可以突破个人分析的局限性，对应聘者的表现进行更深入的分析。

在讨论过程中，主评价者（面试主持者）必须掌握整体讨论的进程，主评价者既要注意听取每位评价者的意见，更要即时统一评价者的意见。在这一过程中，主评价者要创造一种平等、开放的氛围，给各位评价者充分的发言机会，但是要避免个人的主观判断主导整个讨论过程。

评价者在讨论时还需要注意的一点是，在阐述自己对应聘者的评分时，需要有理有据，不能凭感觉来打分，要陈述给应聘者打分的客观依据，即其在面试过程中的具体表现。

### 传统评分方法举例

某金融机构的一次测评中，在行为面试这一环节重点考查了事业心、协调能力、领导力、人际沟通、责任心和分析判断六个维度。首先对这六个胜任力的内涵进行界定，以供评价者在评分过程中参照使用。

例如"协调能力"是这样定义的：协调能力是指能够妥善处理利

益相关者之间的关系，促成相互理解，获得支持与配合的能力。

在面试之前，要求评价者对这六项胜任力的内涵进行了解；在面试过程中，评价者详细记录应聘者的行为表现，然后对每个维度做出定量的评价。比如有个应聘者在回答考查协调能力方面的题目时这样讲述：

当时我是行长，主管营业部。有一次营业部主任给我打电话，说他和副主任吵起来了，让我下去看看。我当时想让他们上来，可是他说不上来，让我亲自去看看。我见当时的情况很紧急，就下去了。

我下去之后发现两位主任都气势汹汹的，暖壶也被打碎了。我让他们先冷静一下，并让员工把地面先收拾一下。然后带他们去了小会议室，目的是让他们先离开这个环境。到了小会议室，我让他们喝点水，先冷静一下。见他们都冷静了，我先表扬营业部做得不错，是文明优质窗口，主任之间需要相互配合，怎么能在员工面前发这么大的火。接下来我让主任先说问题。那个主任就先表示了道歉，这样副主任也表示了道歉。接下来开始谈问题，原来是营业部人员安排方面的问题。副主任觉得自己管理的任务重，但是人员少，想和正主任商量多要个人到他管理的工作中，而正主任说岗位编制是行里的规定，不能变。副主任情绪一激动就和正主任吵了起来。我当时没有现场裁决说谁做得对还是不对，我先肯定了他们，说他们是因为工作上的事情发生争执，说明他们很有责任心，都是为工作负责。我让他们回去商量一下，形成一个一致的意见拿给我，我定夺一下。后来他们商量了一个一致的方案。

面试结束后,评价者可以根据应聘者在协调能力这一题目上的表现对应聘者进行评分。为了增强评分的准确性,可以采用二级判断计分法。评价者根据自己的面试经验认为,在此维度上应聘者的表现出色给予3分,而后再分析应聘者在此水平上处于中等,这样应聘者在此维度上的最终得分为8分。

## ☞ 评分过程中要避免评价者主观因素的影响

面试是一种主观性较强的测评方式,评价者在面试时不可避免地会受到主观因素的影响,在使用传统的评分方法进行评分时就更容易产生主观偏差。心理学家奥里·欧文斯先生认为:"大多数人录用的是他们喜欢的人,而不是最能干的人,大多数决策者在面试的最初5分钟内就做出了录用与否的决定,并把面试的其余时间用来使他们的选择自圆其说。"

由于评价者中个体差异的存在,面试中评价者的个人特征如知识背景、工作经验、个性特点、个人喜好等与应聘者的特点发生相互作用,从而表现出评价者自身以及评价者之间评价标准的宽严程度不一致,这种不一致被称为评价者偏差。评价者偏差主要分为以下四种:

- **评价者之间评判标准不一**。某个评价者从总体上来讲比其他评价者更宽松,倾向于给应聘者较高的分数;
- **对维度涵义的理解不统一**。不同评价者对评价维度的理解不一致,从而导致评分偏差;
- **评价者自身标准的前后不一致**。有的评价者在整个评分过程中,自身的内在标准能够保持比较好的稳定性,而有的评价者自身稳定性比较差；

- **应聘者特定性偏差。**某个评价者可能对某个特定的应聘者打分更加宽松，而给其他应聘者打分更加严格。

由于评价者偏差的存在，所以有人指出应聘者的得分不仅仅代表其个人的能力水平，也是应聘者能力和评价者特点共同作用的结果。

另外，面试过程中除了要避免评价者偏差的影响外，各位评价者还需要避免以下心理效应。

### 首因效应

什么是首因效应呢？我们先看一个小故事：

一个新闻系的毕业生正急于寻找工作。一天，他到某报社对总编说："你们需要一个编辑吗？"

"不需要！"

"那么记者呢？"

"不需要！"

"那么排字工人、校对呢？"

"不，我们现在什么空缺也没有了。"

"那么，你们一定需要这个东西。"说着他从公文包中拿出一块精致的小牌子，上面写着"额满，暂不雇用"。总编看了看牌子，微笑着点了点头，说："如果你愿意，可以到我们的广告部工作。"

这个大学生通过自己制作的牌子表达了自己的机智和乐观，给总编留下了美好的"第一印象"，从而为自己赢得了一份满意的工作。这种"第一印象"的微妙作用，在心理学上就称为首因效应。

首因效应是指人们由最初接触到的信息所形成的印象对以后的行为活动和评价的影响。

心理学中的研究表明，首因效应是很难改变的。应聘者留给评价者的第一印象作用很大，因而评价者在面试过程中要不断警示自己切勿过早地做出判断。一般来说，面试进行到30分钟以后再做出判断的成功率远高于30分钟内做出判断的成功率。前文的事例中，虽然大学生制作牌子的行为可以显示出他的机智以及不怕拒绝的乐观品质，但是对于他是否适合广告部的工作而言，还需要进一步的考查。

不过，这个事例也说明了这位应聘者较好地利用了首因效应的作用，诱使评价者做出较高的评价。但通常的情况是，有些应聘者给评价者留下了较差的第一印象而受到较低的评价。特别是在面试过程中，许多应聘者会感到紧张，尤其会给面试评价者留下不好的第一印象。在表6-10中，我们列举了面试评价者对应聘者紧张情况的一些不正确的解释。正是由于这些不正确的解释，使评价者根据应聘者留给他们的第一印象而做出了错误的判断。

表6-10 对应聘者暂时性紧张的不正确解释

| 紧张的特征 | 可能的解释 |
| --- | --- |
| □答案肤浅，呆滞无趣、反应迟钝<br>□手心出汗或者额头出汗 | □不太聪明、没有幽默感、缺乏判断力 |

续表

| 紧张的特征 | 可能的解释 |
| --- | --- |
| ☐ 浑身颤抖 | ☐ 身体虚弱、过于懦弱、缺乏自信、无法向客户或行政人员做报告 |
| ☐ 过分饶舌 | |
| ☐ 缺乏自信 | ☐ 过于紧张、无法与人自在相处、无法胜任团队工作 |
| ☐ 没有眼神的交流 | |
| ☐ 不考虑结果就说出一些愚蠢的话 | ☐ 愚笨并且见解肤浅 |
| ☐ 缺乏热情 | ☐ 进取心不足 |
| ☐ 提问题很肤浅 | ☐ 不值得信赖、靠不住 |
| ☐ 嗓音干涩、声音紧张、咳嗽 | ☐ 一个真正的傻瓜、表现不佳的团队成员,对别人的感觉迟钝 |
| | ☐ 傲慢自大 |
| | ☐ 考虑问题主次不分,没有特点 |
| | ☐ 缺乏自信、洞察力不足、没有做好面试准备 |

本文摘自《选聘精英5步法》,(美)阿德勒著;张华、朱桦译,2004.

在招聘面试的过程中,首因效应对评价者的影响很大,但是评价者一定要试着克制自己受到这种效应对客观判断的影响。笔者在一次主持大学生招聘的面试时有深刻的体会。

在那次面试中,一名大学生前来面试。她当时的穿着明显地不符合应聘的要求:上身穿一件花色的旗袍,下身穿牛仔裤;并且刘海太长,遮住了眼睛;整体来看,整个人显得不那么干净、利索。面试开始时她的语速较快,并且用了一些不恰当的词汇。此前为止,她给评价者留下了很不好的第一印象。但是在接下来的面试中却发现,该应聘者做事的条理性非常好,责任心也非常强,很符合我们的胜任力要求,所以整场30分钟的面试下来,她得到了较高的分数。正是由于笔者延迟时间对应聘者做出判断,克服了首因效应的干扰,才给了应聘者一个相对准确的评价。

**晕轮效应**

这是人们对一个人的某种特征形成好或坏的印象后，仍旧倾向于据此来推论该人其他方面的特征。一个人如果被标明是好的，他就会被一种积极肯定的光环笼罩，并被赋予一切都是好的品质；但如果一个人被标明是不好的，他就会被一种消极否定的光环笼罩，并被认为具有各种坏品质。晕轮效应是一种"以偏概全"的评价倾向，严重者可以达到"爱屋及乌"的程度，即只要认为某人较优秀，便认为他所使用的东西、跟他要好的朋友、他的家人都是优秀的。"追星族"便是一个典型例证。

面试评价者在面试过程中容易被应聘者突出的亮点或者缺点所吸引，而忽视观察其他方面，忽略应聘者的全部特点。很多单位里负责招聘的人员都有这样的感觉，那些表达能力突出的应聘者容易在招聘中得到高分，这也是晕轮效应的一种表现。由于应聘者的表达能力强，评价者会不自觉地在其他方面给他打高分。

在面试过程中，评价者看到一个非常优秀的应聘者，往往会显得非常兴奋，很容易放松警惕，忽视他的一些弱点，而这些弱点可能是招聘方不能接受的缺点。这个时候，评价者一方面要保持头脑的冷静，另一方面应该对应聘者提出一些负性的问题以验证对他的评价。比如，可以提问应聘者：是否有被批评过的经历？是因为什么样的事情？是否有过失败的经历？等等。这样可以使评价者更全面地观察与了解应聘者。当然，对于一个看起来能力水平不高的应聘者也要试

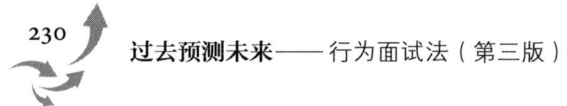

图去挖掘他的优点,以对其做出全面的评价。

### 刻板印象

在面试评价者的头脑里,存在着关于某一类人的固定印象,这种固定印象使评价者在做面试评价时,常常不自觉地按应聘者的年龄、民族、性别、专业等特点对其进行归类,并根据头脑中已有的关于这一类人的固定印象来判断该应聘者的个人特征,因而导致不能对应聘者做出准确的判断。这类固定印象即通常所说的刻板印象。

大学生招聘的面试常常容易受到刻板印象的影响。一般情况下,名牌大学的学生综合素质会高一些,地方性院校的学生相对来说会弱一些。有些评价者倾向于给清华、北大的学生较高的分数,而给地方性大学的学生较低的分数。但实际上,名牌大学的学生综合素质高只是整体上的一种概率,具体到每一个学生,则没有太大的意义,某个学生的个人水平可能高,但也可能低;而地方性大学虽然整体水平会弱一些,但是就某个学生而言,可能非常优秀。所以在面试过程中一定要克服刻板印象,不能受其所属群体的影响来评价某个个体。

### 似我效应

即评价者倾向于认可自己的"同类"(例如:同爱好、同性格特点、同学校等),而把更适合招聘职位的"异己"拒之门外。

社会心理学的研究发现,相似会产生喜欢,因为凡是年龄、学历、兴趣、信仰等各方面相似者在交往时,彼此间的意见很容易沟通,在意见沟通交流的过程中,个人的见解很容易引起对方的共鸣。所以一一般情况下，评价者在面试中也会不自觉地倾向于认可与自己相似的人，给予自己相似的人较高的评价。当评价小组是由不同背景和性别的成员组成时，可以减小这种效应的影响。

**序列位置效应**

即评价者在连续面试多位应聘者时，会对最初和最后面试的应聘者的印象更为深刻，而对中间面试的应聘者的记忆不深刻。

这是受评价者记忆特点的影响。如果需要对中间的应聘者进行二次评价，评价者应该再察看和整理面试记录，对应聘者的面试表现进行回顾后再做出判断，这样可以降低序列位置效应的影响。

**趋中效应**

即评价者为连续面试的多名应聘者评分时，当对应聘者的评估没有足够的把握时，所评定的分数常常会集中于中间的分数段。所以在面试时应要求评价者在评定分数时尽量区分具有不同能力水平和能力特征的应聘者。

**容妆效应**

即应聘者的外表（衣着、身高、魅力等）使评价者对个体的真实能力产生了不客观的判断。

现在的一些企业，在招聘面试时对应聘者的容妆提出了要求，倾向于录用气质、形象较好的应聘者。有些招聘人员也认为，应聘者前来参加面试时的衣着得体，说明他对这次面试非常重视，对本单位非常尊重。目前的应聘者,尤其是大学生,也力求迎合招聘单位的要求。在毕业要找工作的时候,女生们都会去修剪头发,买一套好的职业装,男生们也会添置西服、领带等。不可否认,一个人的容妆能够反映他的精神面貌和一些性格特征,但是评价者在评价时,关键要看岗位是否对容妆提出了要求。如果是面对客户,需要经常与客户打交道的岗位,确实需要一些气质、形象较好的人员,这时应聘者的气质、形象可以占一定的权重;但是如果应聘的岗位对个人的外貌和装扮没有提出任何要求,这时评价者就需要尽量克服容妆效应的影响,而重点关注那些岗位胜任力要求的相关能力特征和个性特征。

**异性效应**

即评价者容易受异性吸引,尤其对外表气质佳、言谈举止得体的异性容易产生好感。所以在招聘面试过程中,评价小组的成员要有不同性别的搭配以降低异性效应的影响。

以上都是评价者在面试过程中容易产生的心理效应。这也要求评价者在面试过程中,需要注意克服种种心理效应的影响,严格按照评分标准对应聘者进行评价,以做出准确的判断。当然,要做到尽可能科学客观地评价,也需要进行大量的训练。

一些专家认为,那些能够提出更有鉴别力的问题,能够有效地对信息进行加工,或者是有强烈的动机想要给出准确评分的评价者,他们的评判是更准确的。另外有一些研究发现,如果要求评分者对自己的评价承担责任,也会提高他们评分的准确性。

## 传统评分方法的优点与不足

传统评分方法是使用最早和流传最广的一种评分方法。该方法操作简单，容易掌握，实用性强，评价者可根据自己的经验对应聘者的表现直接做出判断。但是，这种评分方法具有较大的主观性，容易受评价者的知识、经验等因素的影响，评分的客观性和准确性不足。同时有研究表明，一些非专业评价者在对应聘者进行评分时，不能把应聘者在不同胜任力上的表现区别开来，而是将考查的各个胜任力作为一个整体来进行评分，容易产生晕轮效应。

传统评分方法具有一定的主观性，主要是因为这种方法要求评价者边观察、边记录应聘者在面试中的行为，然后根据维度的内涵对应聘者的表现进行判别、做出评价。实际上，评价者的注意资源是有限的，他们在对应聘者的行为进行记录时，会把注意资源选择性地分配到一部分信息上，而忽略另一部分信息，这种信息的缺失会增加评价者评分的不一致性。另外，每个评价者对维度的界定和内涵不可避免地会带有个人的主观理解，因而会存在一些差异，这样也造成了评分的偏差。

## 行为列表法

### 行为列表法简介

行为列表法是继传统评分方法之后发展起来的一种新的评分方法。和传统的评分方法一样，在行为列表法中，评价者首先对应聘者的行为表现进行详细记录,不过评价者可以使用一个事先提供给他的关于胜任力特征的典型表现的行为列表来作为参照,对照后将记录的应聘者行为发生的频率进行统计,最后,评价者可根据最终统计的频次对应聘者的表现进行评分。

行为列表法与传统评分方法的区别在于,评价者可以使用行为列表对应聘者的行为发生的频次进行总结,并据此进行评分。这就有了一些客观的参照依据,在一定程度上避免了评价者评分的主观性。行为列表不仅给评价者提供了一个用于评分的概念框架,而且对行为频次的统计为评分提供了一个客观的指标。

### ☞ 行为列表法的操作程序

行为列表法一般通过以下步骤来实现(见图6-2):

图 6-2 行为列表的操作程序

#### 第一步:设计行为列表

这一环节是行为列表法区别于传统评分方法的关键之处,同时也是实现行为列表法的前提。

行为列表中的行为指标是可操作、可观察的行为,而不是抽象的概念和描述。所谓行为指标,是指那些能够体现相关胜任力特征的关键的、具体的、可直接观察到的行为表现,是应聘者具有某种胜任特征的特定证据。

确定行为指标是设计行为列表中最为重点的一个环节，也是最难的一个环节。在设计行为指标时，需要运用关键事件技术，把代表某一能力或个性品质的行为事件找出来。评分时只需要根据这些关键行为事件对应聘者的回答进行评价，由此得到应聘者在某一能力特征或个性特征上的分数。每个维度确定的行为指标的数目不定，通常在6~12个左右，不能太多也不能太少。太多，评价者难以在短时间内对各种行为事件进行区分，增加了评价者的思维加工负担；太少，则不能囊括该维度下的关键行为表现，造成评价者评分的偏差。

**第二步：培训评价者**

通过培训评价者，使评价者掌握行为列表中胜任力特征的内涵和相应的行为指标。评价者需要对这些指标熟练于胸，内化为自己的评分参照模型。

**第三步：面试记录**

在面试过程中，评价者对应聘者的行为进行记录，同时对照行为列表对应聘者行为发生的频次进行统计和总结。记录频次时可以采用记"正"号的方式，或者其他的计数方式。

**第四步：面试评分**

面试结束后，总结应聘者在行为列表上的表现，根据记录的频次对考查的维度进行评分。在有些行为列表中，不但给出正向的行为，也会给出负向的行为，这时对于正向的行为按正向的权重计算，负向的行为则按负向的权重计算。在评分时不能过于机械，还要对行为的重要性进行评估。或许频次低，但这种行为很重要，评分时要考虑这种情况。

## 第五步：面试讨论

一个单元时间（半天或者一天）的面试结束后，不同的评价者对应聘者的表现进行讨论，最后得出对该应聘者最一致的评价。这一步骤的完成过程与传统的评分方法一致，在此就不再赘述。

### ☞ 关键事件技术

在行为列表法操作程序的第一步中提到，创建行为列表时需要使用关键事件技术，接下来将对关键事件技术进行详细的介绍。

对于关键事件技术的解释，我们通过一个小故事来引入。

第二次世界大战末期，美国军部推行了一个实验计划，目的是设法提高轰炸机及坦克车战士的表现水平，以节省弹药，收到事半功倍的效果。主持实验的是一群工业心理学家，他们与战地指挥官、军官及士兵面谈，希望通过面谈发现导致优异表现的因素。其中的一名工业心理学家弗兰那根（Flanagan）观察了面谈的过程，发现了一个有趣的现象。当那些将士被问及他们认为怎样的人才可以成为一名有效的坦克战士时，被访者总是回答诸如勇气、领导才能和技术知识等差不多的答案。勇气、领导才能和技术知识都是抽象和模糊的描述，在各人脑海中都有不同的演绎，究竟怎样才算是有勇气，如何做才是领导才能的具体表现，要懂得多少才算是具有足够的技术知识等，往往都令实验人员感到摸不着头脑。于是，研究人员在追问被访者时，要求他们为不同的个人特征提供一些真实和具体的事例，来说明被访者脑海中的判断及感觉。在追问之下，被访者便会回忆起一些他们亲眼目睹的"事件"，形容一些他们认为有效及无效的行为，作为佐证。那些有效和无效的行为事件，可让研究人员分辨出战士们在工作上的问题，从而知道应该改善些什么才能提高他们作战时的表现。弗兰那根将这些真人真事定名为"关键事件"。

关键事件技术的英文全称是 Critical Incident Technique，缩写为 CIT，由弗兰那根与其匹兹堡大学的学生在 20 世纪 40 年代后期对军队研究的基础上提出。

CIT 是一种识别绩效关键性因素的手段，它通过从熟悉某项工作的人那里收集一些关键性的事件，来形成绩效评估的内容参照点。通常，将这些事件以描述成功和不成功的工作行为的故事形式收集起来，然后再将这些事件精简浓缩为一个单一的能抓住故事本质的行为陈述。

弗兰那根认为，关键是指"对整个活动目的而言，发挥了重大作用，不论是消极或者积极的"，事件则是"任何可见的人类活动，自身能够充分完成并允许其他人做出推断和预测"。其理论基础是：每种工作中都有一些关键事件，业绩好的员工在这些事件上会表现出色，而业绩差的员工则正好相反。

**通过关键事件技术形成行为列表的操作步骤如下（见图 6-3）**

### 第一步：收集关键行为事件

收集任职者或职务专家（该职务上的专家、资深员工、领导等）提供的最近 6～12 个月中最能代表有效的工作行为的关键事件。一般来说，这些事件都表明在一项特定职务或一级职务上，导致个人的工作绩效特别好或特别差的特征。这些事件可以采用个别或群体访谈、问卷、工作日志以及其他手段，从现任职者、同事、原任职者、上级或者相关他人那里获得。

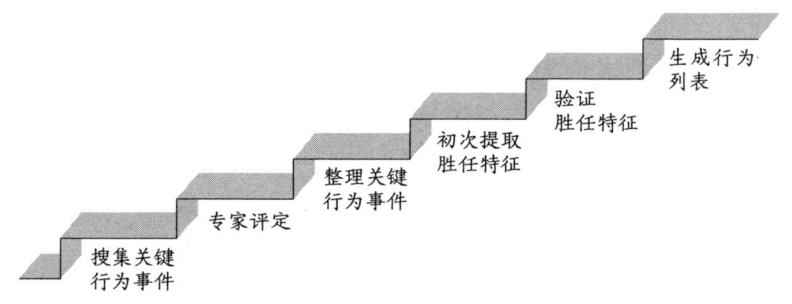

图6-3　从关键行为事件生成为列表的步骤

**第二步：专家评定**

由专家评定这些事件是否真的就是好的行为，因为有些任职者认为是好事件，其实是坏事件，或者是中性的事件。

**第三步：整理关键行为事件**

收集到的关键行为事件一般会很零乱，还需要对资料进行整理，形成完整清晰的第一手资料。

**第四步：初次提取胜任特征**

让2～4名外部职务分析专家分别对关键事件进行提取和归纳，提取出来的关键事件称为该胜任力的胜任特征。要保证每份材料至少有两名专家提取。专家均需独立完成这项工作，最后统计专家的一致性，如果达不到较好的一致性，那么必须重新经过讨论，来再次确定提取和归纳的结果。

**第五步：验证胜任特征**

将已经提取出来的不同特征维度下的关键事件打乱，再由2～4名职务专家(未参加过初次编订提取工作)对关键事件进行重新分类，看这些关键事件是否仍能归入第一次的分类中。

统计前后归纳的一致性，如果无法达到一致性的要求，则需要重新讨论和编订。把那些不能一致归类的事件排除掉或另列一类。同时还要确认这些事件所属的维度，如果80%的人同意这个事件属于这个维度，就可以确认它属于这个维度。

**第六步：生成行为列表**

将胜任力下的关键事件进行综合、分析，形成简明的、概括性强的、可观察的操作性行为描述。

### 关键事件的特点

关键事件具有如下特点：

第一，关键事件必须是与关键绩效相联系的关键行为及其结果，是员工履行其职责的正常的行为，非工作行为及其结果不应作为关键事件。

第二，关键事件关注的是达成绩效目标过程中的行为及结果。

第三，关键事件与公司认同的企业文化、素质模型和任职的资格标准具有相关性，后者是对个人关键事件性质做出判断的依据。

第四，关键事件技术集中于描述工作行为，具有可观察性和可测量性。

## ☞ 行为列表法举例

在一次竞聘上岗的测评项目中，行为面试这一环节重点考查了候选人的责任心、成就动机、执行力、角色认知、分析判断和组织协调能力。面试之前首先设计了这六个维度的行为列表，要求评价者对这六个维度的行为列表进行详细的了解。接下来以成就动机为例，对评分的过程进行说明。

成就动机是指个体愿意投入大量的精力把工作做好，以在工作中的成功为满足和自豪。

成就动机的主要行为表现为：
- 非常愿意承担更大的责任。
- 关注工作业绩的改善。
- 不断给自己设定有挑战性的目标。
- 为了争取成功，能够付出超出常人的努力。
- 有决心完成一项有难度的任务，在困难面前不放弃。
- 珍惜锻炼才能的机会，从任何一种工作中都能够学习到新东西。

在面试过程中，有一个候选人在回答考查这一维度的问题时这样说：

我在开发区支行当行长的时候，成功地对某个大型商业集团进行了营销。当时该集团进驻开发区，我们支行了解到的情况是开发区管委会与另外一个行的关系很好,同时这个行的实力也很强,他们有较高的社会影响力,因此预测这个行的授信比例会比较大。当时我设定的目标是首先一定要争取到这个客户,其次在授信额度上要有较大的份额。我找到开发区管委会和他们谈,但当时开发区管委会领导说,另外一个行实力比较强,这么多年来我们行对开发区的支持也没有那个行多,因此谈到最后他们就告诉我,说他们决定把这个项目给另外一个行了。这种情况表明我们做这个项目几乎已经是不可能的事情了,但是我还是想尽力争取,争取我们行也拿到该集团相当份额的授信。当时的情况,虽然感觉上无路可走了,但是分析了客户的情况之后,我想我们还是有机会的。我们知道,该集团与我行的另外一个分行有较为密切的业务联系,同时我行也能够满足该集团某些特殊的需求。于是我就改变了方向,与另外一个分行联系,并且马上赶到该地,发挥兄弟行的力量,力求争取该集团与我行合作。我们两个行一起会见客户,并且详细介绍和说明了我们可以提供的业务。该集团领导觉得我们行对他们非常重视,接下来我们进一步提到他们集团在我们开发区的发展以及想要合作的意愿。当时感觉集团领导已经比较倾向于与我们合作了。回来之后,通过进一步的沟通,并采取了相应的行动,最后争取了较大份额的授信,做成了之前没有可能做成的业务。

将候选人的回答和行为列表相对照,可以发现该候选人的表现与行为指标中的"有决心完成一项有难度的任务,在困难面前不放弃;不断给自己设定有挑战性的目标;为了争取成功,能够付出超出常人的努力"是相符的,那么可以在这三个条目上给其记录频次。

在面试过程中,一般情况下每个维度会设计 1～2 个题目来进行考查,不过往往应聘者在一个维度上的回答,也能够体现他在其他维度上的品质。比如在上面的案例中,不但能够体现该应聘者的成就动机,也能够体现他的执行力,即他能够克服困难,努力想办法完成工作任务。

评价者对应聘者在行为列表上的表现进行频次记录时,不仅要关注其在与本维度对应的面试题目上的回答,也要关注在回答该问题时是否还表现出了其他维度的关键行为特征。所以,一方面评价者需要对胜任力的行为指标有非常清晰的认识,这样才能在现场测评时较为迅速地把应聘者的表现与行为列表中的行为指标联系起来;另一方面,对应聘者的评分需要在所有题目的提问都进行完毕之后,因为这样才能收集到应聘者在所有维度上表现出来的全部行为频次,在面试结束后,评价者再根据应聘者在每个维度上的频次表现进行分数的评定。

## 行为列表法的优点和不足

行为列表法较传统的评分方法在科学性和准确性上有较大的改进,它给评价者提供了关于胜任力表现的行为指标,使评价者对胜任力有更深刻的认识和了解,提高了评价者对维度原型的理解。同时,对应聘者的评价也进行了标准化,采用行为列表进行评分,可以减少评分误差,使面试评分具有客观性。另外,行为列表法也提高了面试评价者评分的一致性,这种一致性包括不同评价者的一致性,同时也包括同一评价者对不同应聘者的评价标准的一致性。

和传统的评分方法相比,这种评分方法需要评价者投入更多的精力。因为一方面,评价者需要像传统的评分方法一样对应聘者面试中的行为进行记录;另一方面,还要将应聘者的行为表现参照行为列表来进行频次的统计。和传统的评分方法相比,行为列表法的操作难度更大。这种操作难度主要体现在行为列表的编制上,这需要在前期进行大量的访谈和资料的理解与分析工作,操作起来不太容易,尤其对于初学者来说,编写行为列表的难度会更大。

## 编码法

### 编码法简介

编码法是三种评分方法中最为客观和量化的一种评分方法。这种方法需要事先对每一种评价维度进行十分明确、统一的界定,并在观察表格上列举出典型的行为指标,也就是先建立一个编码词典,要求评价者重点关注评价量表上的维度和相应的行为指标,根据评价量表上的客观指标对被测者的行为进行记录和打分,评价者不能对受测者的表现进行个人主观主义的解释。

编码词典是关于胜任力的概念、等级和相关行为指标的手册。编码词典是使用编码法进行评分的基础。

编码法具有严格的评分规则,它通过遵循严格的规则来避免相对主观的判断而提高评价者评分的一致性。

在编码法中不需要对受测者的行为进行详细的记录,而是根据编码词典,将应聘者的表现与编码词典上不同胜任力的等级的行为指标联系起来,记录行为表现的频次,最后根据应聘者行为表现的等级和频次对应聘者的表现进行评分。

## 编码法的操作程序

编码法一般遵循以下流程(见图6-4):

**第一步:设计编码词典**

一个完整的编码词典,包括胜任力名称、定义、行为描述及行为的水平等级。在设计编码词典时,评价等级的确立很重要。通常可以把等级按5点、7点、9点、10点等尺度进行划分,需要注意的是,等级的划分不能太多也不能太少。如果确定的等级太少,则每个等级的跨度太大,就

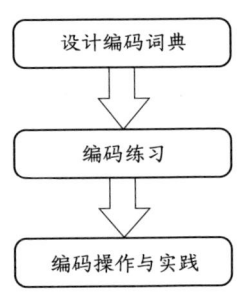

图6-4 编码法的操作程序

不能充分地把不同水平的应聘者区分开;如果确定的等级太多,每个等级的差异不大,评价者不容易区分应聘者的等级,也给编码词典的设计造成一定的困难。每个等级下列举5~15个行为指标,行为指标的确定和行为列表法一样,都是通过关键事件访谈来完成的。在设计行为指标时,与行为列表法不同的是,访谈的时候不但要访谈有效的关键工作事件,还要访谈无效的关键工作事件,并对这样的事件进行区分。

一般会有一些通用的编码词典,这样可以不必每次都重新设计编码词典,但是需要对通用的编码词典进行修订,使其更适合测评的对象。

设计严格的编码词典对判断的有效性至关重要。在编制编码词

典的过程中，只有那些长期以来已经证明与高绩效相关的行为才可以被罗列出来作为行为指标。如果评价者用与高绩效无关的行为表现作为高绩效的证据，就会降低编码法的可靠性。同时，这些行为指标要非常具体和可操作，让评价者很容易通过这些行为指标就能够对应聘者的表现进行较为准确的定位与评价。

第二步：编码练习

练习的目的是使评价者能够从面试的信息中准确地识别出各种胜任特征的行为指标。

先把面试的录音稿（如有可能进行录音）或者面试记录整理打印成文本，编码小组成员分别对一份文本进行试编码，然后在一起共同讨论。在讨论基础上确保编码成员对该文本的编码达成一致意见。

第三步：编码操作

面试过程中，评价者可以一边倾听和观察应聘者的表现，一边对那些可以编码的信息参照编码词典进行编码。

评价者按照编码词典，对可以确定的行为或者主题事件进行分类并予以编码，有时候一个事件、行动或一个意见可以被编码为一个以上的胜任力。例如，"我说服他们可以做得更好"可以被编成影响力或说服能力。

胜任力的相关行为每出现一次就编码一次，不但要提供胜任力所处的等级，也需要提供胜任力出现的频率。最后，根据应聘者在行为指标上出现的等级和频次对所考查的维度进行评分。应聘者所表现出来的行为在胜任力中的行为等级越高，他得到的分数越高；表现出的该行为的频率越高，他的得分也越高。

## 在运用编码法的过程中需要注意的问题

### 可以用来编码的信息

可用来编码的信息一定是行为化的,是应聘者在特定事件中或特定情景下所说的话或做出的行为,从逻辑上说是与胜任力中的行为指标密切联系的。如果是应聘者被迫表现出来的某种行为,或者是缺乏目的的行为,则是不可编码的。如同法律所讲的一样,道听途说或者虽有着充分的细节但却无法证实的证据,是不能充分证明被告是有罪的;那么仅凭应聘者对其工作经历的简单描述,同样不能证明他就具备胜任力所要求的能力。

### 被编码信息的特征

一般来说,能够被编码的信息具有如下特征:

- 从逻辑上说,它是与胜任力的行为指标相联系的。
- 以第一人称"我"叙述,描述应聘者自己的所说、所做、所想或所感。
- 以第一人称叙述,在叙述中应聘者描述了他在这个情景中的卷入状态。
- 尽管不是以第一人称叙述的,但是叙述表明了应聘者个人的卷入状态。
- 应聘者用细节描述了他在特定情景下的活动。
- 应聘者描述了对一个情景进行反应的特定方式。
- 应聘者描述了他的所想、所感和所说。
- 应聘者重复了当时的对话。

# 第六章　行为面试的评分方法　247

- 应聘者描述的过去行为在特定的情景下重复出现了。

一次面试测评主要考查了应聘者在领导力、沟通说服、分析判断、成就动机和大局观五个方面的胜任力。下面列出这次面试中一位应聘者讲述的一个案例，以这个案例为例来说明哪些信息是可以编码的。

| | |
|---|---|
| 2004年底，银行进行人事改革。我们行有个司机，根据改革政策，如果他还当司机的话，他的工资会处于很低的级别；如果他不当司机，他对银行业务又不了解，很难去做其他的事情。后来他选择了去客服中心接电话。<br>　　由于不懂业务，他在客服中心的工作令人很不满意。这时他找到我，要求去支行工作。一般情况下，人们都希望在机关工作，没人想去支行。当时我没有答应他的要求，让他先回去，说抽时间再找他谈。<br>　　我先向原来和他在一起开车的同事了解他的情况，包括他的家庭背景，打听到他的一个亲戚在公安局的一个部门任支队长。<u>同时我分析了他的情况，他不是不想学，而是由于长期没有形成学习的习惯，学习能力也差，很难学进去。但是他做事还是挺认真的，也有上进心。</u><u>我们公司发放的银行卡现在有些人恶意透支、不还欠款，于是我想利用他亲戚的优势，把他调到银行卡贷后管理中心，让他去催收。</u> | 可编码 |
| 　　了解到这些情况后，我找他过来谈话。谈到他现在的问题是想学习，但却很费力气。<u>我就鼓励他："我答应给你时间学习，同时我也找人帮你了解银行业务。"然后我跟他谈了我的想法，让他去做贷后管理工作。</u> | 可编码 |
| 　　<u>我先让他熟悉银行卡的业务知识和相关的法律条文，而后他联系亲戚帮他催收，同时也运用了法律的手段。他干得非常卖力，他觉得在关键时刻行里没有放弃他。</u>由于他的努力，我们行的银行卡催收工作现在是省里做得最好的。 | 可编码 |

### 评价者之间编码的一致性问题

编码过程中遇到的最大挑战是评价者之间编码的一致性问题。在面试过程中，应聘者的讲述和评价者的分析，都会不可避免地表现出一定的主观性，在对信息进行分类和编码的整个分析过程中无不渗透着主观倾向。因此，编码的信度和效度一直是研究人员关注的焦点，特别是编码的信度，也即编码的一致性。

造成编码不一致的原因可能是所采用的胜任力特征描述得不够清晰，也有可能是评价者没有从面试的信息中辨别出一些具体的胜任力特征的指示性描述。尽管在面试过程中评价者会要求候选人讲述具体的情境和行为，但由于面试过程是一个主观讲述的对话过程，并且评价者也各具个人特点，主观性也会很强，因此，要取得较高的编码一致性具有一定的难度。

### 提高编码一致性的方式

- 用典型的例子描述某种胜任力特征的行为表现。
- 用这些例子对评价者进行编码训练。
- 考查维度的多少也是提高归类一致性的一个重要因素，当信度较低时，减少归类项目是增加归类一致性的一个重要方法。通常情况下，维度数为6个左右比较合适。

### 编码法举例

在某房地产企业的测评项目中，行为面试环节重点考查了应聘者的责任心、进取心、适应能力、沟通能力和组织协调能力。面试之前先设计了这六个维度的编码词典。要求评价者对这六个维度的编码词典进行详细深入的理解和掌握。

下面以"责任心"为例对编码法的实施过程进行说明。

**责任心的定义**：是指在工作中能够主动采取行动，勇于承担工作职责，积极为组织发展做贡献的一种个性品质。

用5点等级来评价"责任心"：Ⅰ表示责任心很弱；Ⅲ表示责任心中等；Ⅴ表示责任心强。

运用行为列表时，只要在Ⅰ、Ⅲ、Ⅴ三个等级上列出该等级的行为指标就构成了行为列表，而Ⅱ点、Ⅳ点是介于Ⅰ和Ⅲ、Ⅲ和Ⅴ之间的，可不必用行为指标来定位。

接下来，我们通过关键事件技术列出对"责任心"的Ⅰ、Ⅲ、Ⅴ等级的行为描述指标，见表6-11。

表6-11 责任心维度的评价等级与行为指标

| 等级 \ 行为指标 | 具体行为指标 |
| --- | --- |
| Ⅰ级 | □当工作出现失误时，爱把责任推给别人，不主动检讨自己；<br>□做工作需要他人的监督才能较好地完成；<br>□当组织需要与个人选择发生冲突的时候，先满足个人需要；<br>□不能投入全部的精力完成工作，敷衍了事；<br>□当工作中出现职责不清的情况时，有推卸的表现；<br>□工作中经常不能达到领导的要求。 |
| Ⅱ级 | |

| 等级 \ 行为指标 | 具体行为指标 |
|---|---|
| Ⅲ级 | □ 能尽心尽职地完成上级分派的工作；<br>□ 自觉积极地开展工作，不需要其他人督促和监督；<br>□ 求真务实，力求做对组织有实际价值的工作；<br>□ 遵守组织的规则和标准，以组织的规则和标准要求自己；<br>□ 工作成果能够达到领导的要求；<br>□ 对于要求其付出的额外劳动，没有怨言。 |
| Ⅳ级 | |
| Ⅴ级 | □ 工作中追求卓越、能够超出上级的期望；<br>□ 为了目标的完成能够付出额外的努力；<br>□ 始终保持高涨的工作热情；<br>□ 乐于承担更多的工作；<br>□ 工作中主动想办法，能够创造性地完成工作；<br>□ 工作出现失误时能够主动承担责任，并努力纠正错误，挽回损失。 |

在所考查的责任心维度上，有一位应聘者这样回答对应这个维度的问题：

| | |
|---|---|
| 在读研期间，有一年暑假，我给一个国际性大会做志愿服务。会议的时间是5天，参会人员可以提前两天报到。组委会安排我和另外3名同学责将从机场接到国际会议中心的外宾换成小车分批送他们到预定的酒店，并任命我为组长。组委会安排从机场接机的同学是三班倒，而安排我们的时间是正常的工作时间：早八点到晚六点。 | |
| 我和我们组的几个同学都非常认真地工作。<u>在没有机场班车过来的时候，我们都站在签到大厅的门口，热情地为外宾解答难题。由于没有长时间站立的习惯，我们很快就累了，但是没有一个人懈怠。</u>下午5点多的时候，还有机场班车过来，并且听说机场那边晚上11点还有最后一班大巴把客人送到会议中心，但是按照规定，我们晚上6点就可以下班回学校了。可是那时从机场接来的人，谁送他们去酒店呢？ | Ⅴ④<br><br>Ⅴ③ |

| 内容 | |
|---|---|
| 我赶紧联系组委会人员，看能不能有人接替我们的工作，但是由于是第一天，组委会的安排也有些混乱，并且人员很紧，人员调配上也有些困难。当时我和组委会的老师说，机场那边接人是三班倒，我们这边是一班。忙到现在大家确实很累了。如果再这样坚持下去，用不了两天大家就累倒，不能坚持工作了。我希望至少我们这个组能够两班倒，我们现在4个人，再给我们增加2个人，这样3个人一组就可以。今晚情况比较特殊，我可以留下来坚持到晚上11点。这时我的一个同学也说要陪我一起，组委会的老师也很感动，说给我从机场那边调个男生过来，晚上有个男生会安全些。就这样我们坚持工作到晚上11点多，到了宿舍已经快晚上12点了。 | V② |

在面试过程中，我们收集到了应聘者的上述信息。根据应聘者的描述，对照编码词典对这些信息进行编码，可以发现应聘者在责任心上的表现主要集中在V等级的第②、③、④条目上，因而可以根据应聘者与编码手册上对应的行为指标对应聘者在这个维度上的表现进行评分。

## 编码法的优点和不足

编码法的优点在于其评分的标准化程度高，具有较为严格的操作原则和规范，能够在较大程度上避免评价者主观因素的影响。

在传统的评分方法中，评价者对应聘者行为的评价标准建立在自己对胜任特征认识的基础上，而编码法提供了胜任特征的原型参照，要求评价者按照胜任特征的行为指标进行评价，这样的客观化程度更高。编码法的优缺点通过表6-12的对比更加一目了然。

表 6-12 编码法的优缺点

| 编码法的优点 | 编码法的缺点 |
| --- | --- |
| □不同的评价者可以对同样的信息进行同样的编码。<br>□在用编码法评分的过程中,评价者不需要对应聘者在面试中的行为表现进行记录,只需要集中注意力去观察应聘者的表现,然后将观察到的行为与胜任力的行为指标联系起来,对应聘者的行为表现进行编码和评分。这样,评价者可以把主要精力集中于评分过程。<br>□评价者的评价过程不会因为要去记录应聘者的行为而受到干扰和打断,他们的评价建立在一个更完整的行为体系标准的基础之上。 | □评价者的注意力完全集中于事先提供的胜任特征上,有可能导致无法观察到或忽略胜任特征以外的其他行为特征。这种影响的大小取决于编码词典所提供的胜任力行为指标的典型性和适合程度以及对评价者的说明和指导。<br>□编码法的操作难度较大、费时、费力。<br>□编码法对评价者的要求较高,为了保证编码的一致性,评价者需要经过足够的培训才能够掌握这种方法。 |

## 三种评分方法的比较

前面介绍了传统评分方法、行为列表法和编码法,接下来对这三种评分方法进行具体比较。

从科学性和标准化程度来说,编码法的科学性和标准化程度最高,行为列表法次之,而传统评分方法的主观性最强,主要依靠评价者本人对胜任力的理解对应聘者的表现进行评分。

就实施的简易性而言,传统评分方法实施起来最方便,行为列表法次之,而编码法由于其需要建立完整的编码手册,同时也需要评价者对编码手册有非常清晰的了解,所以实施起来难度最大。

传统评分方法和行为列表法都需要对应聘者的行为进行较为详细的记录,但编码法不需要对应聘者的行为进行记录,只需要一边观察应聘者的表现,一边在编码手册上进行编码。

Hennessy 等选取了 30 个评价人员,运用实验方法考查了上述三种方法的效果,结果发现三种方法在评价的准确度上差别不大。相对于传统评分方法,行为列表法和编码法能显著地降低评价人员之间的评分偏差。

不管采用哪种评分方法,总的来说,如果其他情况相同时,符合如下条件的话,则评分高:

- 应聘者所讲述的事件离现在的时间较近。
- 应聘者所描述的行为体现胜任力的频次高。
- 应聘者所描述的行为对应的胜任力行为指标重要性高。
- 应聘者所讲述事件的情境与未来工作的情境一致性高。

## 多名评价者评分的一致性问题

行为面试目前被广泛应用于各类组织机构的人员招聘与选拔中,但在多名评价者对同一名应聘者的面试中,评价者之间的评分一致性是一个关键问题。

有研究者曾以中央国家机关某部两组评价者对应聘者的评分为研究对象,对国家公务员录用考试评价者的评分一致性问题进行了初步的探讨。结果发现,从总体上看,不同评价者对应聘同一职位的不同应聘者的评分,在评分标准上基本是一致的:评价者对那些容易做出有效行为表现的应聘者,在考查的维度的评分上更倾向于做出一致性评定;而对那些没有做出有效表现的应聘者,其维度的评分标准不易掌握,倾向于评分不一致。面试时表现很差或很好的处于两个极端的应聘者,评价者对其评分的一致性水平比较高;而对于在面试中表现一般的应聘者,评价者在评分时会表现出不一致。

评价者所具有的面试知识和经验水平对评分一致性也有重要的影响,受过培训或训练有素的评价者比新手在评分时一致性要好。

评价者的评分分歧较大,主要有两方面的原因:

从测试对象上看,如果应聘者的水平和能力差距比较小,特别是没有很突出的人选时,评价者的意见可能会产生很大的分歧。在这种情况下,各位应聘者的面试总分差距也较小。

从面试的组织上看,如果面试题目设计得不够科学,主评价者不能很好地主持面试过程,评价小组的其他评价者没有经过专业训练,不能很好地掌握评分标准等,都可能产生较大的意见分歧。

提高评分的一致性是行为面试的研究者们重点关注的一个问题。可以从以下几个方面提高评分的一致性。

### 设计科学合理的面试题

如何设计科学合理的面试题在前面第三章已经有专门的阐述,在这里就不再赘述。

### 确定合理的评分标准

行为面试的难点之一是确定评分标准。结构化面试的评分标准是明确的,主评价者可以根据预先设计的若干内容要点或标准答案进行评分。理论上,对于行为面试,各个评价者的知识、能力、经验不同,看问题的角度不同,导致对同一名应聘者的回答看法不一致、评分不同,这都是正常的。但是这种差异应当控制在一定的限度内,如果差异很大,就会降低面试评价的信度。

为了解决这个问题,可以根据行为面试的特点制定出比较合理的评分标准,来提高面试评价的信度。

- 通过行为列表或编码词典构建关键的行为指标,作为评分的参考。
- 将评分的区间结构化。评分区间的结构化,指的是根据应聘者回答问题的主要特点划定其得分的范围。为了使评分标准结构化,可以进一步明确该项能力评为优秀、良好、一般、较差的等级及其相应得分的分值范围,来帮助各位评价者建立一个更加具体的、相对一致的评分标准。

### 选择合适的主评价者,并对评价者进行培训

对于行为面试而言,影响评分一致性的因素除了面试试题和评分标准外,主评价者和评价者的自身素质水平也是影响评分一致性的关键。

主评价者要控制面试的进程,根据考查要点对应聘者进行提问,并要根据其回答调整追问的问题。追问既要做到有的放矢,又要使整

个询问过程协调自然、浑然一体。因此，在面试的过程中，主评价者的掌控很重要。

主评价者的知识、能力和经验直接影响面试的质量，合格的主评价者的标准包括：

- 掌握面试的基本理论和方法，能够有效地控制面试进程，并能够指导和培训其他评价者。
- 对面试涉及的有关专业知识要非常熟悉，具有广博的知识面，能正确地判断应聘者的回答中所涉及的有关专业问题的正确性和科学性。
- 能把握各能力要素的具体表现特征，并在测试过程中通过提问，比较全面地让应聘者展现其各个能力要素，提高测试的效度。
- 反应快，语言表达能力强，能够对应聘者的回答迅速地做出反应，并以准确的语言向应聘者提问，便于应聘者理解问题并进行回答。
- 了解本行业人员需求单位的主要业务工作，以便有针对性地进行提问和追问，判断应聘者的具体操作能力。

评价小组是面试中为评价者配置的一般组织形式，通常由专家学者、企事业单位的领导或人事主管构成。

评价小组的成员情况不一，特别是没有参加过行为面试的评价者，常常缺乏面试评分的经验，不能很好地掌握评分标准，从而影响整个测评的信度。解决这一难题的办法有如下三点：

第一，在面试之前对各位评价者进行有效的培训，使他们能充分掌握行为面试的测评方法。

第二，采用模拟练习的方式，即请一位评价者模拟应聘者进行回答，让各位评价者评分，由主评价者对评分情况进行讲评，以此帮助各位评价者更好地掌握评分标准。

第三，在对第一位应聘者进行测评以后，各位评价者报告自己的评分，由主评价者作细致的讲评，各自调整评分标准的掌握尺度。

经过这样几个环节以后，测评小组的评价者一般都能够较好地掌握评分的标准。

# 心理测量学基本概念

**信度**

简单地说,信度就是指测量数据和结论的可靠性程度,也就是说测量工具能否稳定地测量到它要测量的事物的程度,是指使用相同指标或测量工具重复测量相同事物时,得到相同结果的可能性。如果说某个指标或测量工具的信度高,那它提供的测量结果就不会因为指标、测量工具或测量设计本身的特性而发生变化;反之亦然。根据测量过程中不同的误差来源,可分为再测信度、复本信度和分半信度。我们可以用信度系数来表示信度的大小。

**再测信度** 是用同一测量工具在不同的时间对同一群受试者前后测量两次,然后计算两次测量分数的相关系数,相关系数越大,说明两次测量的一致性越高。两次测量相隔的时间不应该太长。

**复本信度** 是用两个完全等值的(平行的)复本对同一群受试者进行测试,计算两种复本测量分数的相关系数,相关系数越大,说明两个复本的同质性越高。如考试中使用的A、B卷。

**分半信度** 只用一个测量工具对同一群受试者实施一次测量,但将奇数题和偶数题分开计分，再计算奇数题和偶数题分数之间的相关系数。

**评分者信度** 不同评分者的判分标准也会影响测量的信度。要检验评分者信度，可计算一个评分者的一组评分与另一个评分者的一组评分的相关系数。

### 效度

效度是指测量的正确性程度，即测量工具在多大程度上反映了我们想要测量的概念的真实含义，效度越高，表示测量结果越能显示出所要测量的对象的真正特征。如果说根据某项测量能够区分人、物或事件，那么可以说该测量工具是有效的。常用的有表面效度、内容效度和效标效度。效度是一个多层面的概念，它是相对于特定的研究目的和研究侧面而言的。因而，检验效度必须针对其特定的目的、功能及适用范围，从不同的角度收集各方面的资料分别进行。

**表面效度** 是指测量效果和人们头脑中的印象或学术界形成的共识之间的吻合程度，吻合程度高，表面效度就高。

**内容效度** 是指测量在多大程度上涵盖了被测量概念的全部内涵，测量工具代表概念定义的内容越多，内容效度就越高。

**效标效度** 是指测量结果与一些标准之间的一致性程度，这些标准就是效标。

**构想效度** 是收集证据证明一个测验是建立在良好的心理学理论基础上的。

**信度与效度的关系**

信度是效度的必要条件,但不是充分条件。一个测量工具要有效度必须有信度,没有信度就没有效度;但是有了信度不一定有效度。

信度低,效度不可能高。因为如果测量的数据不稳定,也就不能有效地说明所研究的对象。

信度高,效度未必高。例如,如果我们一致地给某人进行评分,该分数未必能够说明他在该能力上的真实水平,或许测量的根本不是这个能力。

效度高,信度必然也高。

**心理测验**

心理测验是指对心理特质进行测量时所使用的工具,有时也称心理量表。通常它是由一组精心设计的测试题目或项目组成,其作用在于抽取一组标准化的行为样本,通过对这组行为反应进行观察分析,测验者就可以对引起行为的心理活动做出推论和解释。

心理测验测量的对象是心理特质。心理特质指的是使个人对于较广泛的一类情景稳定地做出同一反应的心理特点,它是建立在对人类大量相似行为进行观察的基础之上的一种科学构想,是心理学家用以描述或解释行为的工具,不是客观事物。如求职动机、推理能力、自信心和情绪稳定性等都是心理特质。心理测验对心理特质的测量是一种间接测量,因为心理特质作为一种科学构想本身是抽象的,不可能直接观察到,只能从行为样例中推理得出。

## 正态分布（常态分布）

一群变量值可能用平均数描述集中的位置，用变异指标描述离散情况，而频数表则把变量值的分布描绘得更具体。为了直观，还可把频数表画成直方图。在医学研究中，如健康人的红细胞数、血红蛋白量、血清总胆固醇，同年龄同性别儿童的身高、体重等，虽然数据各异，但画出的直方图是类似的。这种类型的资料，如果调查例数无限增多，所用组距又无限减小，那么直方顶端就连成了一条光滑的曲线。这条曲线，典型地反映了这类资料的分布情况，数学上称为正态曲线，而这组数据的分布就称之为正态分布。

正态分布也称常态分布，是统计学中一种应用广泛的连续分布，用来描述随机现象。正态分布大量应用于误差分析及质量管理上，我们常说的六西格玛理论及千分之三原则，都来源于正态分布。

正态分布是自然科学与行为科学中定量现象的一个方便模型。各种形式的心理学测试分数和物理现象，比如光子计数，都被发现近似地服从正态分布。

## 标准差

标准差能反映一个数据的离散程度，它是离差平方和平均后的方根，用 SD 表示。

标准差是对一组数值自平均值分散开来的程度的一种测量概念。一个较大的标准差，代表大部分的数值和其平均值之间差异较大；一个较小的标准差，代表这些数值较接近平均值。

例如，A、B两组各有6位学生参加同一次语文测验，A组的分数为95、85、75、65、55、45，B组的分数为73、72、71、69、68、67。这两组的平均数都是70，但A组的标准差为18.71，B组的标准差为2.37，说明A组学生之间的差距要比B组学生之间的差距大得多。

**常模**

常模即解释测验结果的参照指标，是测验得分的人群分布状态。一个人做完测验后，他的分数要经过常模比较后才具有意义。例如：一个人答100道数学题对了70题，那么他的成绩是属于优良、普通还是不及格，就看与谁比较了，与小学生还是大学生比，其结果、意义截然不同。

常模的制定需要依据测验适用对象总体的平均成绩。其可信度取决于样组的代表性和可靠性。代表性又取决于样组的取样原则和容量大小。一般来说，样组容量越大，取得的常模越可靠。

常模的适用范围取决于取样的范围。若从全国取样，所得常模是全国的；若在地区取样，所得常模则是地区的，不能随意使用于其他地区。不同历史时期，样组的平均水平会有不同的变化，常模也将随之变化，因此常模应及时修订。

**标准分**

考生在接受测验后，按照评分标准对其作答反应直接评出来的分数，叫原始分。原始分反映了考生答对题目的个数，或作答正确的程度。但是原始分一般不能直接反映考生间的差异状况,不能描述考生相互比较后所处的地位,也不能说明考生在其他等值测试上应获得什么样的分值。

标准分是一种由原始分推导出来的相对地位量数,它用来说明原始分在所属的那批分数中的相对位置。

在原始分的基础上,按一定的规则推导出标准分,其目的就是进一步解决原始分所没有解决的问题,或者说,就是为了更好、更科学地解释分数的含义,进行分数的组合,实现分数的等值化。这种把原始分转化为导出分的过程,被称作分数转换。

标准分的求法如下:

Z =(X － X′)/SD

公式中,X 为原始分,X′为原始分的平均数,SD 为原始分的标准差。Z 分数以一批分数的平均数作为参照点,以标准差作为单位。它由正负号和绝对数值两部分组成,正负号说明原始分是大于还是小于平均数,绝对数值说明原始分距离平均分数的远近程度。一批分数全部转换成 Z 分数后,它们的整个分布形态并没有发生改变。

Z 分数准确地刻画了一个分数在一批分数中的相对位置,但是,由于 Z 分数有负值,常带有小数,不易被人理解和应用。因此,人们在 Z 分数的基础上进一步转换,从而发展起了一系列其他形式的标准分。转换通式为:

Z′= aZ+b

公式中,Z′为其他形式的标准分,a 是转换方程的斜率,b 是转换方程的截距。

我国普通高校全国招生统一考试曾使用的标准分，就是用刚才介绍的方法进行转换的。即：T=500+100Z。公式中取500为平均分。

**标准化考试**

考试是一个系统的测量过程，每个环节都可能带来误差，因此对考试的每个环节都要标准化。具体包括试题编制的标准化，施测过程的标准化，判卷、评分、记分的标准化，分数合成的标准化以及分数解释的标准化等。

标准化考试的试题是由有关专家根据一定的目标集体编制的。这些专家不但要精通本学科的知识，还要受过心理与教育测量学方面的训练。在编题前要制订编题计划，以保证题目对知识和能力两个维度均具有代表性。对于征集来的题目也要经过学科专家和测量专家审查修订。所有题目都要经过预测和统计分析，取得难度、区分度等有关资料，只有经过实践检验、各方面都符合要求的题目才能存入题库备用。在拼配试卷时，题目的难易和排列顺序要得当，以符合考生的心理特点。

标准化是手段，不是目的。不同的考试目的，对标准化水平有不同的要求。一般说来，考试越重要，规模越大，标准化要求越高。

# 附录二

# 推荐资源

**面试题在线生成系统**

http://www.iipeople.com.cn 网站是在线面试题库系统,是集胜任力及其行为指标、对应的题目于一体的在线面试题库系统,可以帮助面试官解决如下困惑:不同层级的岗位胜任力有何不同?不同胜任力的具体行为指标有哪些?为了选准人,面试时应该问什么问题?

**"智鼎面试官"网站的主要功能**

- 提供4类职位的面试题库:初入职、专业技术、初中级管理、高层管理。
- 系统中包含影响工作表现的非常重要的81项胜任力。在生成面试题目之前,面试官只需根据自身情况做相应的选择,即可获得有针对性的"胜任力模型"。
- 点击每个胜任力,会自动产生相应的面试题,整个题库由上千道高质量的题目组成。每隔一段时间,会对题库进行更新。
- 系统不仅提供胜任力词条和面试题目,还提供针对每个胜任力的详尽的行为描述,为面试官判断面试者的胜任力水平提供参考,也为个人发展提供参考。

更多关于面试实践最新经验总结内容,可扫二维码实时关注学习,互动探讨。